MÍDIAS DIGITAIS
Produção de conteúdos para a web
Laboratório

SERVIÇO À PASTORAL DA COMUNICAÇÃO

COLEÇÃO PASTORAL DA COMUNICAÇÃO: TEORIA E PRÁTICA

A. *Série Manuais* (aplica, na prática, os conteúdos laboratoriais realizados no SEPAC)

1. Rádio: a arte de falar e ouvir (Laboratório)
2. Jornal impresso: da forma ao discurso (Laboratório)
3. Publicidade: a criatividade na teoria e na prática (Laboratório)
4. Teatro em comunidade (Laboratório)
5. Internet: a porta de entrada para a comunidade do conhecimento (Laboratório)
6. Oratória: técnicas para falar em público
7. Espiritualidade: consciência do corpo na comunicação (Laboratório)
8. Vídeo: da emoção à razão (Laboratório)
9. Mídias digitais: produção de conteúdos para a web (Laboratório)

B. *Série Dinamizando a comunicação* (reaviva, sobretudo nas paróquias, a Pastoral da Comunicação para formar agentes comunicadores)

1. Dia Mundial das Comunicações Sociais – Maria Alba Vega
2. Comunicação e liturgia na comunidade e na mídia – Helena Corazza
3. Comunicação e família – Ivonete Kurten
4. Pastoral da Comunicação: diálogo entre fé e cultura – Joana T. Puntel e Helena Corazza
5. Homilia: a comunicação da Palavra – Enio José Rigo
6. Geração Net: relacionamento, espiritualidade, vida profissional – Gildásio Mendes

Em preparação:
- Comunicação e catequese

C. *Série Comunicação e cultura* (oferece suporte cultural para o aprofundamento de temas comunicacionais)

1. Cultura midiática e Igreja: uma nova ambiência – Joana T. Puntel
2. Comunicação eclesial: utopia e realidade – José Marques de Melo
3. INFOtenimento: informação + entretenimento no jornalismo – Fábia Angélica Dejavite
4. Recepção mediática e espaço público: novos olhares – Mauro Wilton de Sousa (org.)
5. Manipulação da linguagem e linguagem da manipulação: estudando o tema a partir do filme *A fuga das galinhas* – Claudinei Jair Lopes
6. Cibercultura sob o olhar dos Estudos Culturais – Rovilson Robbi Britto
7. Fé e cultura: desafio de um diálogo em comunicação – Celito Moro
8. Jovens na cena metropolitana: percepções, narrativas e modos de comunicação – Silvia H. S. Borelli, Rose de Melo Rocha, Rita de Cássia Alves de Oliveira (org.)
9. Comunicação: diálogo dos saberes na cultura midiática – Joana T. Puntel

SEPAC – Serviço à Pastoral da Comunicação

MÍDIAS DIGITAIS
Produção de conteúdos para a web
Laboratório

Dados Internacionais de Catalogação na Publicação (CIP)
(Câmara Brasileira do Livro, SP, Brasil)

Mídias digitais : produção de conteúdos para web / SEPAC - Serviço à Pastoral da Comunicação, Carla Schwingel. – São Paulo : Paulinas, 2012. – (Coleção pastoral da comunicação : teoria e prática. Série manuais)

Bibliografia
ISBN 978-85-356-3202-6

1. Arquitetura da informação   2. Ciberespaço   3. Conteúdo gerado pelo usuário
4. Meios de comunicação   5. Mídias digitais   6. Redes sociais   7. Tecnologias digitais
8. Web sites   I. SEPAC - Serviço à Pastoral da Comunicação.   II. Schwingel, Carla.   III. Série.

12-05619   CDD-303.4833

Índice para catálogo sistemático:
1. Mídias digitais : Comunicação : Cibercultura : Sociologia 303.4833

Organização: *Equipe do SEPAC*

Elaboração do texto: *Carla Schwingel*

Direção-geral: *Bernadete Boff*

Editora responsável: *Luzia M. de Oliveira Sena*

Copidesque: *Mônica Elaine G. S. da Costa*

Coordenação de revisão: *Marina Mendonça*

Revisão: *Ruth Mitzuie Kluska*

Assistente de arte: *Ana Karina Rodrigues Caetano*

Gerente de produção: *Felício Calegaro Neto*

Capa e diagramação: *Manuel Rebelato Miramontes*

Nenhuma parte desta obra poderá ser reproduzida ou transmitida por qualquer forma e/ou quaisquer meios (eletrônico ou mecânico, incluindo fotocópia e gravação) ou arquivada em qualquer sistema ou banco de dados sem permissão escrita da Editora. Direitos reservados.

Paulinas

Rua Dona Inácia Uchoa, 62
04110-020 – São Paulo – SP (Brasil)
Tel.: (11) 2125-3500
http://www.paulinas.org.br – editora@paulinas.com.br
Telemarketing e SAC: 0800-7010081

SEPAC – Serviço à Pastoral da Comunicação

Rua Dona Inácia Uchoa, 62 - 2º andar
04110-020 – São Paulo – SP (Brasil)
Tel.: (11) 2125-3540
http://www.sepac.org.br – sepac@paulinas.com.br

© Pia Sociedade Filhas de São Paulo – São Paulo, 2012

Sumário

Introdução 7

1. Uma breve incursão pelos conceitos 13

   Digitalização 13

   Multimídia 14

   Hipertexto 15

   Princípios do hipertexto 16

   Hipermídia 20

   Interatividade 20

2. Composição dos conteúdos 27

   Projeto Editorial 27

   Projeto da Arquitetura da Informação 30

   Macro e microestruturas 31

   Arquitetura da Informação 33

   Macro e micronarrativas 35

   Produtos com narrativas interativas 36

   Estruturando histórias no ciberespaço 42

   A pauta como roteiro multimídia 45

   Um modelo a ser aplicado 48

3. Texto para mídias digitais 55

   Produção da matéria 56

   Sugestões para redigir 57

   Dicas para manual de estilo 61

   Importância dos títulos 62

Uso de links 64

Técnicas de *webwriting* 65

Redação publicitária 68

Recursos para trabalhar o texto.................... 71

Leitor web 74

4. Formatos de conteúdos em áudio 81

Dicas de redação para o radiojornalismo 83

O radiojornalismo na internet 84

Plástica radiofônica.................................... 85

Novos formatos de conteúdos 86

5. Imagem estática e em movimento.............. 95

Imagem estática... 95

Imagem em movimento 97

Dicas de redação para o telejornalismo 100

Ambientes de vídeo na internet 101

Transmissão de vídeos............................... 102

6. Redes sociais e redações convergentes.................... 105

Mídias e redes sociais................................ 105

Redações convergentes 107

O novo profissional.................................... 109

Glossário 111

Bibliografia... 115

Introdução

A internet é uma plataforma multimídia hipertextual. E também um sistema, ambiência, meio, mídia, suporte e o próprio espaço que se compõe quando por ele navegamos. Reúne, em um ambiente único, as diversas formas de comunicação até agora existentes. As questões e complexidade advindas deste meio digital talvez só sejam equivalentes à facilidade de nele estarmos, de sua utilização.

A proposta deste manual é mostrar possibilidades de se produzir conteúdos para mídias digitais, dialogando com seus sistemas e subsistemas, compondo narrativas desde sua base, a estruturação das ideias. Antes de qualquer programa ou aplicativo a ser utilizado, compreende-se que o fundamental é a lógica da composição dos conteúdos, bem como a clareza quanto aos direcionamentos editoriais de uma publicação.

Um dos diferenciais das tecnologias digitais em rede é a livre publicação, com o que se denomina de "liberação do polo de emissão", ou seja, na internet qualquer pessoa pode publicar conteúdos, contanto que tenha acesso a um computador em condições de estar na rede. Porém, para quem se direciona esse conteúdo? Quais os aspectos da produção? Qual a perspectiva de inserção social? O que se pretende e como atingir os objetivos de uma publicação?

É interessante analisarmos que a base tecnológica da internet já previa a colaboração e livre publicação de conteúdos. Criada em 1969, em plena Guerra Fria, nos Estados Unidos, como uma alternativa distribuída de comunicação, sua estrutura básica não tem um ponto centralizador que transmita para os demais, apenas receptores. Na internet todos podem receber e transmitir informações, o que se diferencia dos modelos anteriores dos meios de comunicação, da radiodifusão. Qualquer pessoa pode se tornar um comunicador, um agente social que envia/transmite informações para determinada comunidade ou pessoa.

A difusão e livre utilização da internet ocorreram nos anos 1990, com a invenção do *world wide web* (www – rede de alcance mundial) nos laboratórios do CERN (*Conseil Européen pour la Recherche Nucléaire* – Conselho Europeu para Pesquisa Nuclear), na Suíça. O www ou simplesmente web, como passou a ser chamado, é um sistema de interconexão de hiperlinks que possibilita a visualização de recursos gráficos multimídias, como textos, imagens e vídeos, através do uso de um navegador (*browser*). Até então, a internet era somente texto, sendo que a pessoa baixava os arquivos compactados e os abria depois de desconectado da rede, via linha telefônica.

Assim, com o www e os navegadores, se constitui a internet como a conhecemos hoje. Esta plataforma multimídia é tão representativa que parte dos usuários, hoje em dia, compreendem o www como se a internet fosse um todo, desconhecendo que esta é denominada de "rede das redes", porque congrega bilhões de usuários conectados por meio de computadores que utilizam os protocolos TCP/IP (*Transmission Control Protocol* – Protocolo de Controle de Transmissão e *Internet Protocol* – Protocolo de Interconexão) e estão vinculados a milhões de redes locais.

Algumas destas redes não estão no protocolo http (*Hypertext Transfer Protocol* – Protocolo de Transferência de Hipertexto). Possuem outros protocolos que possibilitam, por exemplo, o envio e recebimento de dados (pelo FTP – *File Transfer Protocol*) e o acesso ao e-mail (pelo IMAP – *Internet Message Access Protocol*).

No Brasil, o serviço de provimento comercial tem início em 1995, mas desde o ano anterior o cidadão comum tinha-lhe acesso por meio de provedores experimentais, universidades e organizações não governamentais. Nos anos 2000, com o avanço da infraestrutura de redes (aumento de velocidade, largura de banda) e dos sistemas, linguagens de programação e programas específicos para a web, a internet passa para uma segunda fase chamada de web 2.0, principalmente depois da metade da década.

Com os sistemas de mídia social que possibilitam a interação através do compartilhamento de informações produzidas nos mais diferentes formatos e plataformas, a web 2.0 mostra o dinamismo da interatividade entre conteúdos. O grande diferencial é que a tecnologia da linguagem XML (*eXtensible Markup Language*) permite separar a forma do conteúdo.

Assim, um comentário postado no Twitter (microblog que é um dos principais sistemas de divulgação de informações hoje na web: www.twitter.com) pode ser compartilhado no Facebook (a rede social que mais cresceu no Brasil nos últimos anos, a mais conhecida no mundo e que se diferencia por ter vários aplicativos associados: www.facebook.com), no blog (como Blogspot: www.blogspot.com.br e Wordpress: www.pt-br.wordpress.com) e no Orkut (a rede social que teve maior inserção no Brasil do que nos demais países: www.orkut.com), em diferentes áreas da página. Outros serviços e sistemas certamente surgirão no futuro, principalmente em função do que se pretende com as possibilidades semânticas da web 3.0.

Com as mídias sociais, então, cada vez mais o usuário passou a ter facilidades para participar, comentar, gerar seu próprio conteúdo. Mas o que diferencia um material de qualidade na internet? O que faz um site, blog, ser acessado, visitado? O que leva alguém a voltar a um determinado site? Sem dúvida, o conteúdo.

Na internet, texto, áudio, vídeo, fotos, imagens, gráficos e a própria estrutura da página é conteúdo. A disposição da página e a maneira de navegar por ela são conteúdo. O texto escrito é o ponto de entrada da atenção do leitor (de acordo com as pesquisas dos Institutos Poynter de Jornalismo e Nielsen, conforme mostra o Capítulo 3) e estar atento a uma estrutura, ao foco da história a ser contada, são aspectos muito relevantes que evidenciam a lógica narrativa e clareza do autor ao transmitir uma ideia.

Para se desenvolver um produto com conteúdo diferenciado e de qualidade não basta ter acesso a sistemas que possibilitem a publicação de informações em plataformas multimídia. Com tecnologias como os blogs (Blogger/Blogspot, Wordpress, Movable Type, Typepad, Tumblr, LiveJournal, Squarespace) e os sistemas de publicação de conteúdos (Joomla, Drupal, Plone, Jumbo, Mambo, Djamgo, MediaWiki, Php-Nuke, OpenCMS, dentre centenas de outros), por exemplo, não há necessidade de conhecer programação. As interfaces são cada vez mais amigáveis e gráficas, agregando textos, fotos, vídeos e interagindo com outros sistemas, ambiências, programas.

A questão que aqui se apresenta é: o que se pretende com o produto que está sendo proposto? Toda criança com acesso à internet e o mínimo de discernimento produz um bom blog. Porém, a cada dia são criados milhares de novos blogs para serem abandonados logo mais. De acordo com dados do Technorati (ferramenta de busca direcionada à blogosfera: www.technorati.com), dos 156 milhões de blogs publicados até 2011, 74% foram atualizados no último ano, sendo que somente 11% têm postagens diárias.

É comum alguém dizer que tem um blog, mas nem sabe como está, ou seja, não o atualiza há algum tempo. Estamos, sim, cada vez mais produzindo conteúdos, mas o que queremos com nossos produtos? Como atingimos determinada comunidade? Qual nossa perspectiva comunicacional? Como passamos a ser comunicadores?

O objetivo deste Manual é ajudar a pensar a criação de produtos comunicacionais para a web, não necessariamente jornalísticos, mas balizados por seu processo de produção, pois se compreende que a sistematização do trabalho jornalístico representa um diferencial qualitativo para se contar histórias. E também auxiliar na produção da redação para os diferentes formatos de conteúdos. O texto escrito é o que primeiro chama a atenção do usuário e que, em última instância, elucida, esclarece, relaciona informações. Procuramos indicar como o texto pode ser estruturado em diferentes produtos comunicacionais, desde as características provenientes de outros meios, até adaptações para as mídias digitais.

Na base das indicações deste manual, há uma distinção entre o que consideramos como publicações informativas generalistas e publicações informativas jornalísticas. Se a pessoa pode livremente, e sem maior comprometimento, enviar conteúdos para uma publicação, um site ou veículo, do ponto de vista da sistemática de produção, seu produto tem um caráter generalista, pois não segue um processo de produção definido e consolidado em termos profissionais. Já alguém que sistematiza sua publicação de acordo com rotinas ou processos, com ações, prazos, periodicidade, que implementa a ideia desde a elaboração de um projeto editorial, com uma função social bem definida, a nosso ver, está desenvolvendo um produto comunicacional e jornalístico.

Este manual, portanto, direciona-se a comunicadores em potencial. Nossa visão advém da teoria e prática do jornalismo em suas distintas modalidades (impresso, rádio, televisão e ciberjornalismo) para caracterizar o que se diferencia e o que se especifica na produção de conteúdos para a web, principalmente em termos da redação e estrutura dos conteúdos.

1. Uma breve incursão pelos conceitos

Todo jornalista sabe que a compreensão do contexto é fundamental para se contar determinada história. Porém, alunos de jornalismo e até mesmo profissionais da área parecem ter certa resistência ao ouvir que conhecer o contexto, a fundamentação de um novo meio de comunicação, também é muito importante para compor matérias.

Estamos falando de hipertexto, multimídia, em estruturar narrativamente conteúdos de diferentes naturezas. Assim, perguntamos, o que significa hipertexto? Como se dá uma estrutura em rede? O que é multimídia? O que é hipermídia? E, antes de mais nada, o que é o processo de digitalização?

Digitalização

A digitalização dos conteúdos é a sua "desmaterialização", ou seja, não se trata mais de átomos (matéria), e sim da linguagem binária de zeros e uns (01000001) que vão se combinando em bits e bytes em diferentes cores, formatos, representações. Na metade dos anos 1990, o professor Nicholas Negroponte, um dos propositores do Media Lab, o laboratório de multimídia do *Massachusetts Institute of Technology,* que é referencial no mundo, explicou muito bem no livro *A vida digital* a diferença entre átomos e bits para nosso cotidiano.

Quem não viu os números caindo na tela no começo do filme *Matrix*? Todos os aparelhos digitais compreendem esta linguagem e a traduzem para informações em texto, áudio, imagens através de interfaces. A interface é um dispositivo

– geralmente uma tela, um visor – que coloca em contato dois universos de diferentes naturezas. Traduz, por exemplo, os zeros (0) e uns (1) para a voz que chega ao telefone e para as fotos, vídeos, texto diagramado das páginas web.

Multimídia

Multimídia é uma noção já intuitiva da cultura contemporânea. Quando pensamos em texto, áudio, fotos, vídeos e ilustrações em um determinado suporte, logo nos vem à mente "multimídia". E no senso comum essa é sua compreensão. Porém, alguns pesquisadores consideram que multimídia é áudio, texto, imagem em distintos suportes.

Nesse sentido, para se considerar multimídia teria que haver o impresso com o papel; a televisão com a fita magnética; o cinema com a película; a internet com as redes digitais. Para esses pesquisadores, no caso de um CD-ROM e da internet, como há um único suporte, texto, áudio e vídeo juntos seriam modalidades midiáticas. Pierre Lévy, filósofo francês bastante conhecido no Brasil por analisar e sistematizar conceitos em relação ao ciberespaço e à cibercultura, apresenta a ideia de multimodalidade em seu livro *Cibercultura*.

Neste manual nos referimos à multimídia de acordo com o senso comum, ou seja, conteúdos de diferentes naturezas combinados em uma narrativa, independentemente de seu suporte. O professor Sérgio Bairon, no começo dos anos 1990, já chamava a atenção para que a multimídia não se resume apenas no sentido da sobreposição entre as modalidades, mas sim se relaciona à interface e interatividade provenientes de cada meio. Então, na multimídia, os moldes ou modelos de acesso à informação de cada um dos meios de forma individualizada estão em diálogo.

Com os recursos da web 2.0, em que cada conteúdo pode vir de um sistema distinto da internet (por exemplo, a foto está no Flickr: www.flickr.com; o texto no Twitter; outra parte do texto no Facebook e o vídeo no Vimeo: www.vimeo.com), reafirma-se o intuitivo do conceito e destaca-se que o importante é o diálogo entre as modalidades, a interface e a interatividade dadas pela disposição do conteúdo e possibilidades de navegação. Assim, um sistema multimídia é aquele que se caracteriza pelo uso de diferentes canais de comunicação.

Hipertexto

Quando entramos na internet, em um navegador, acima há o endereço da página que se inicia pelo HTTP (*Hypertext Transfer Protocol* – Protocolo de Transferência de Hipertexto), o protocolo do sistema web. Ele indica que estamos acessando um hipertexto. Portanto, o hipertexto é a própria "natureza" da web.

Pode ser entendido como um documento digital composto de diferentes blocos de informações, que se interligam por elos associativos denominados links ou hiperlinks. É constituído por blocos de informações, quadros (*frames*, em inglês), e o acesso às informações ocorre de maneira não hierárquica. No hipertexto, com as possibilidades de navegação dadas pelos links (sentidos de orientação e desvios de rota), é o leitor quem estabelece um caminho próprio, através da interação com o conteúdo, e estrutura seu percurso narrativo de forma única e pessoal.

Alguns autores consideram que o ato de ler na tela seria também uma escrita simultânea, com uma construção singular e autônoma de sentido. Assim, a pesquisadora de literatura hipertextual Mireille Rosello propõe o conceito de *screener* ao imaginar como daqui a alguns anos poderemos tentar explicar para crianças a noção de "leitor" do século XX. Outros revisitam a noção de flanar, da autonomia de percurso, da navegação a esmo, sem uma intencionalidade, de soltar-se nos deslocamentos para explicar a leitura/imersividade no hipertexto. Nesse sentido, André Lemos, pesquisador brasileiro da cibercultura, retoma o "flaneur" do poeta francês Baudelaire, que se deslocava por uma Paris sem rumo ou direção, vagando ao apreciar o percurso.

O termo "hipertexto" foi cunhado por Ted Nelson (Theodore Holm Nelson), um sociólogo e filósofo estadunidense, no início dos anos 1960, quando fundou o Projeto Xanadu com o objetivo de criar uma rede de computadores que compartilhavam informações através de interfaces amigáveis para o usuário. Para Nelson, o hipertexto é mais bem lido em uma tela interativa, é não sequencial e se multiplica, dando escolhas ao leitor.

Com o www e a web 2.0, podemos compreender hipertexto como um conjunto de conteúdos (texto, imagens fixas ou animadas e sons), organizado de forma a permitir uma navegação não linear, baseada em indexações e associações de ideias e conceitos, sob a forma de links. Expandindo essa noção podemos pensar que hipertexto é um modo de interação, que leva o usuário a interligar informações de forma associativa e intuitiva. Nele, o usuário assume um papel ativo, sendo ao mesmo tempo coautor ao eleger seu percurso de leitura. O hipertexto também é a representação gráfica de uma rede, com pontos (nós de conexão) de diferentes tamanhos (quantidades de informações), vinculados por conexões.

Princípios do hipertexto

Pierre Lévy, em seu trabalho de doutorado e livro *Tecnologias da inteligência*, analisou a hipertextualidade a partir das teorias das redes sociais. E sistematizou alguns princípios que, se bem compreendidos, levam a uma maior percepção espacial desse universo virtual dado pela interconexão de milhares de redes, milhões de computadores e bilhões de pessoas.

O primeiro princípio é o da metamorfose e significa que a rede, o hipertexto, está em constante alteração. Se há uma estabilidade é momentânea e resultado de uma ação realizada, de um esforço, pois senão a rede naturalmente está em construção e renegociação. Seu tamanho, sua forma, composição e desenho (representação gráfica) estão permanentemente em jogo. A internet sendo uma grande rede e a web o maior sistema hipertextual que já existiu, podemos imaginar que a cada acesso, a cada clique em uma página web, toda a rede se altera, todo o hipertexto se reconfigura em constante modificação.

A heterogeneidade é o segundo princípio e muito intuitivo, pois pode ser associado à multimidialidade. Significa que os pontos que contêm as informações e as conexões (as vinculações entre as informações) são de distintas naturezas. Podemos pensar na própria memória como um sistema hipertextual heterogêneo, pois lembramos em termos de imagens, sons, textos, cheiros, sensações e fazemos conexões lógicas e afetivas. Ao acessar determinada página na web, temos texto, imagens, sons. E se formos além e pensarmos na internet como um todo desde os agentes que interagem, as pessoas que se conectam, os computadores, temos átomos e bits em diferentes configurações (pessoa, computador, dispositivos, sistemas, páginas, texto, foto).

No terceiro princípio, Lévy dialoga com a visualização da representação espacial do hipertexto. A multiplicidade e encaixe das escalas é a compreensão de que um hipertexto tem uma organização fractal, ou seja, que a menor parte (um nó, um provedor de internet, um site) possui o todo da rede. Uma estrutura fractal é aquela que pode ser divida em partes, e cada uma contém o objeto original; ao aumentá-las cada vez, se terá mais e mais detalhes.

Assim, ao elaborarmos um site, este contém em sua estrutura a representação da hipertextualidade da web por inteiro. Você navega em um site e pode ir para qualquer outra informação; não há a menor distinção entre um pequeno nó/ponto (seu site), todos os hospedados em seu provedor de internet, todos os do Brasil, e o restante da web. Tal noção dialoga com a visualização das informações, porque o encaixe de escalas justamente refere-se à representação gráfica em diferentes tamanhos, como visualizadas em mapas de geolocalização em que cada centímetro corresponde a tantos quilômetros, por exemplo.

Conforme veremos adiante, foi essa noção que deu início à arquitetura da informação (AI) como forma de organizar e planejar os conteúdos para os sistemas de informação digitais. Interessante que, na literatura, esta mesma percepção é utilizada pelo escritor argentino Jorge Luis Borges (2008), em seu livro *O Aleph*: a da condensação do espaço em um ponto minúsculo que contém a totalidade.

Figura 1. Estrutura em rede/Fractal/Hipertexto.

O princípio da exterioridade significa que a rede não possui uma ação interna que a faça modificar-se, alterar-se. Seu crescimento, diminuição, composição e recomposição dependem de um exterior que é indeterminado e a todo momento novos elementos estão sendo agregados. Quando pensamos em nossa ação na internet, ao acessarmos uma página, esta informação que contatamos é o seu exterior, que se presentifica na tela como o ponto mais externo da rede. Ao fazermos um comentário, se incluirmos uma foto, uma página, um site, é neste exterior que estaremos mexendo, e sempre somente o externo se altera.

Tudo funciona na rede por proximidade ou vizinhança, diz o princípio da topologia. E é muito simples compreender por que, pois não importa se uma informação está fisicamente em um computador servidor na Jamaica, na Noruega ou nos Estados Unidos; ao clicar no link dado, estará disponível na tela, ali, vizinha, próxima. Este princípio também remete à navegabilidade, pois o curso dos acontecimentos num hipertexto é uma questão de caminhos, de possibilidades de deslocamentos, de topologia, onde o que importa é a relação entre os elementos que compõem o percurso. Também aqui temos a importante noção de que a rede não está no espaço, ela é o espaço, pois tudo que se desloca deve usar a rede ou modificá-la.

O sexto e último princípio é o da mobilidade dos centros. A rede não tem centro, ou melhor, possui inúmeros centros. Estes são pontes luminosas móveis que saltam de um ponto a outro e configuram uma rede infinita instantânea a seu redor, que define efêmeros mapas. Ao entramos em uma página, esta será o centro da internet para nós, só que ao mesmo tempo há milhões de computadores, celulares, dispositivos móveis acessando outras páginas. Portanto, para cada uma das pessoas, o centro da internet é a página presentificada em sua tela.

Narrativamente esta noção é muito interessante, pois podemos pensar em histórias que possuem diferentes centros/focos narrativos, desde alternar personagens, pontos de vista distintos, aspectos controversos, até mudar o foco utilizando diversos formatos (áudio, vídeo, texto, animação) como condutores da história.

Hipermídia

A multimídia e o hipertexto juntos trouxeram outro conceito, a noção de "hipermídia", termo também criado por Ted Nelson. De forma geral, hipermídia é a possibilidade de englobar as características do hipertexto e da multimídia. O usuário pode traçar seus próprios percursos, navegando por modalidades midiáticas distintas, texto, áudio, imagens.

Para alguns pesquisadores, hipermídia é a modalidade surgida da convergência entre hipertexto e multimídia, porém diferencia-se devido à possibilidade de navegação aberta para além de um suporte físico determinado. Ou seja, os conteúdos precisam estar em redes abertas, conectadas.

Interatividade

Por fim, uma pequena noção de interatividade. Toda e qualquer comunicação entre duas ou mais pessoas é uma interação social. De maneira bastante simplificada, podemos compreender a interatividade como *interações sociais* que ocorrem mediadas por um aparato, um dispositivo tecnológico e como *propriedade e atributo da tecnologia*, na geração de conteúdo.

No primeiro caso, toda conversação via celular, computador, internet é interativa, pois há um dispositivo tecnológico mediando a comunicação. Já no segundo, ao interagir com o conteúdo de uma página web, ao clicar numa informação, a interatividade está ocorrendo entre homem-máquina-conteúdo. André Lemos trabalha com as noções de interatividade: homem-máquina; homem-estrutura lógica conceitual; e homem-homem. Por sua vez, o professor da Universidade de Sydney e especialista em Ciências da Computação, Roderick Sims, propôs uma interessante taxonomia para o ponto de vista da produção de conteúdos para os processos interativos nos ambientes digitais. De acordo com sua classificação, há onze formas distintas de interatividade:

- **do objeto** – refere-se aos sistemas em que objetos podem ser ativados pelo *mouse*;

- **linear** – sistemas onde há movimentos para frente e para trás na sequência de exibição do conteúdo;

- **hierárquica** – oferece um conjunto em que o usuário escolhe uma e parte para nova etapa do sistema (ex.: menus de navegação);

- **de suporte** – a capacidade que o sistema tem de dar suporte ao usuário para solucionar problemas durante sua utilização;

- **de atualização** – as ações do usuário afetam o conteúdo que o sistema irá exibir (via banco de dados, vai desde o mais simples "pergunta e resposta" até simulações de inteligência artificial, com diálogos induzidos entre homem e máquina);

- **de construção** – o sistema pode manipular objetos para obter da máquina as respostas requeridas;

- **refletida** – o sistema grava as entradas dos usuários em seu banco de dados e possibilita o acesso a ele, evitando que somente suas respostas predefinidas sejam acessadas, deixando para o usuário a responsabilidade de analisar os resultados que obteve e de compará-los com os de outros usuários, dentro de cada contexto específico;

- **de simulação** – o usuário tem o controle do processo interativo e são suas ações que determinam o curso da disposição de conteúdos seguintes;

- **de hiperlinks** – ocorre quando há grande número de links e possibilidades de navegação e o usuário pode construir seu caminho da informação de maneira individual;

- **contextual não imersiva** – seria a combinação de todas as anteriores em um ambiente que simule o local de trabalho ou a convivência comum ao mundo "real" do usuário;

- **virtual imersiva** – quando o usuário passa a participar do ambiente imersivo, que é projetado para responder a cada movimento ou ações individualmente.

Assim, algumas noções fundamentais para se produzir conteúdos para o ciberespaço foram brevemente repassadas, desde digitalização, multimídia, hipertexto, interface, hipermídia e interatividade. Buscaremos agora pensar a composição dos conteúdos desde a estruturação da lógica do produto comunicacional, da disposição narrativa dos distintos formatos e das noções de arquitetura da informação.

Exercícios de hipertextualidade

Instale e configure o Web Tracer2 para visualizar a estrutura hipertextual da web. Este programa gratuito, criado por um artista gráfico, mostra de forma dinâmica e tridimensional a estrutura visual do hipertexto de um site.

- Baixe o arquivo deste link: http://www.nullpointer. co.uk/-/files/webtracer2.zip.

- Vá à pasta escolhida onde foi salvo o arquivo "web-tracer2.zip", clique para executá-lo (você precisa ter instalado o programa compactador WinRAR). Extraia os arquivos para uma pasta em seu computador, clicando em "Extrair para" (isso deve ser feito, senão o programa não salva os mapas na pasta correta para a visualização).
- Na pasta onde os arquivos foram extraídos, clique em "spider.exe" para abrir o *Web Tracer Spider*.
- Nele, você digitará o endereço internet, a URL (*Uniform Resource Locator* – Localizador Padrão de Recursos), do site que deseja visualizar e clique no botão "start". O programa irá buscar as páginas e digitalizá-las na estrutura de pontos e conexões. Fará a varredura até mil páginas, ou até ter encontrado todas as páginas do site. Você pode salvar o mapa a qualquer momento com menor número de páginas. O programa salvará automaticamente o mapa gerado na pasta "maps".

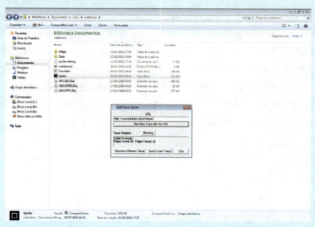

Figura 2. Programa Spider do Web Tracer digitalizando o site do SEPAC.

- Abra o programa de visualização, clicando no arquivo "visualizer.exe". Uma tela aparecerá com os comandos.

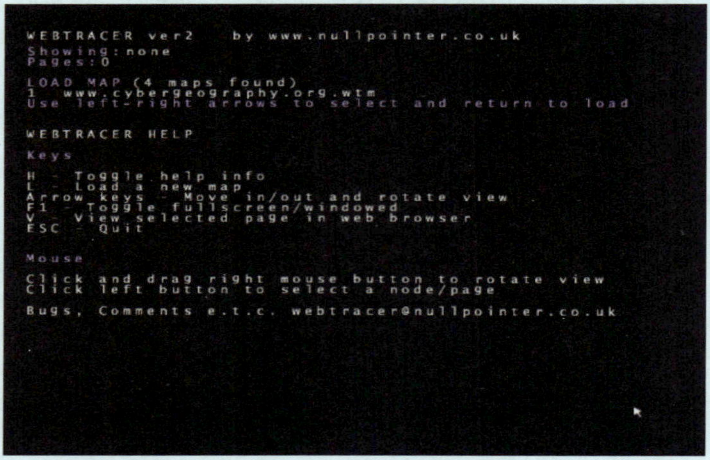

Figura 3. Tela inicial do Programa Visualizer do Web.

- O programa irá identificar o número de mapas salvos para visualização. Você escolhe um dos mapas para visualizar utilizando as setas da direita ou esquerda. O programa já vem com quatro mapas digitalizados. O endereço do site que foi digitalizado aparece em "load map" e o número de mapas também. Escolha um e clique "enter" para visualizá-lo.

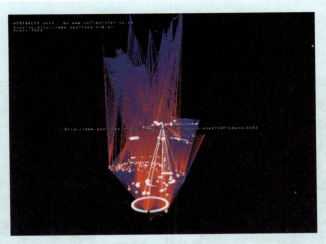

Figura 4. Visualização da rede do site da Paulinas Editora, configurada a partir de um dos produtos da loja virtual.

- Você pode interagir com os mapas utilizando os seguintes recursos: H para abrir ou esconder os comandos de ajuda; L para carregar um novo mapa; ESC para sair; F1 para tela cheia, as setas para aproximar e afastar e para girar o mapa; V para ir à página escolhida no navegador internet. Também pode girar o mapa com o mouse.

- Após os mapas salvos, você não precisa estar online para utilizar o Visualizer. Cada bolinha da imagem corresponde a uma página do site e as linhas são as vinculações entre as páginas. Ao clicar em uma bolinha, esta passa a ser o centro de sua rede, do hipertexto que se reconfigura. Ao clicar "V" em uma bolinha, se estiver online, abrirá o navegador com a página correspondente.

- Informações completas sobre o Web Tracer estão disponíveis em: http://www.nullpointer.co.uk/-/webtracer2.htm (em inglês).

Figura 5. Visualização da rede do site da Paulinas Editora, configurada a partir da página principal.

2. Composição dos conteúdos

Ao elaborar conteúdos para o ciberespaço, a primeira pergunta a fazer é o que se pretende com este veículo de comunicação. Ou seja, qual o objetivo de propor tal produto? E dela advêm as demais que compõem o Projeto Editorial do site, rede social, blog, revista digital. Para comunicar, a linguagem e a proposta precisam estar direcionadas a um público-alvo bem definido e se ter clareza da perspectiva social e do contexto no qual está se inserindo a publicação.

Há dois projetos a ser elaborados: o primeiro é o Editorial, que direciona o produto de comunicação de acordo com a linha editorial, que é a lógica e os valores de quem o está propondo ou patrocinando, e os paradigmas que orientarão os conteúdos. O segundo é o Projeto da Arquitetura da Informação (AI), com aspectos mais voltados à implementação do produto.

Projeto Editorial

O Projeto Editorial define a política de uma publicação ou de um veículo de comunicação. Direciona as ações da equipe de redação, explicitando o posicionamento social, bem como o estilo e público-alvo de determinado produto. Nele, devem estar claros a missão, o público-alvo, a linguagem e os recursos a serem utilizados. E deve ser elaborado para todo produto de comunicação.

Alguns aspectos necessitam de cuidadoso planejamento no ambiente digital, como a definição do nome do produto. Com a certeza do nome, na web, é preciso verificar se o domínio está disponível. Geralmente se faz no Registro.br (www.registro.br) ou no sistema blog que se for utilizar ou, ainda, em um provedor norte-americano (o www.domain. com, por exemplo).

Há várias sugestões de modelos para se elaborar o *Projeto Editorial* para um produto digital multimídia:

Definição do nome – o nome tem de ser muito bem pensado; é o que identifica o produto comunicacional. Lembrar que os domínios não aceitam caracteres especiais (acentos, cedilha) e que será divulgado nas redes sociais com o intuito de envolver o público. Então deve ser de fácil identificação para imediatamente caracterizar os conteúdos de determinado site.

Apresentação – busca-se responder as questões "o que é?" esta publicação, "sobre o que vai falar?" Deve constar o tema/assuntos que serão abordados, a ideia do projeto, bem como a indicação do público-alvo e da periodicidade. Também indicar o tipo de linguagem utilizada e a abordagem dos temas de acordo com o público a que se destina.

Missão – a missão de um produto jornalístico comunicacional refere-se ao papel da comunicação e do jornalismo como agente de transformação social, ou seja, aos aspectos que as informações e o posicionamento editorial pretendem modificar no público-alvo. Alguns projetos incluem a missão na Política Editorial, onde também definem a linha editorial (o que pode ou não ser feito de acordo com os valores da empresa/propositores do projeto). Neste nosso modelo, tais aspectos são complementares da Apresentação e Missão. A pergunta a ser respondida é: "Qual a ação social deste produto de comunicação?".

Objetivos – visam elencar o que se pretende com o produto comunicacional, os motivos de estar sendo proposto dentre inúmeras outras possibilidades. O porquê de realizar um projeto dessa natureza.

Público-Alvo – a quem se direciona? É importante precisar o máximo possível o público-alvo. Fazer pesquisas de interesse, identificar suas características. O público pode ser estratificado de acordo com diversas variáveis, como gênero, faixa-etária, localização geográfica, classe social. E pode-se determinar um público-alvo primário (quem o projeto deseja diretamente atingir), um secundário (quem se relaciona e influencia o público-alvo primário), e assim por diante.

Editorias ou seções – descrever as editorias ou sessões que o produto conterá. Definir nomes, características, posicionamento social e estratégias a serem adotados para cada sessão ou editoria.

Periodicidade – definir de quanto em quanto tempo será feita a atualização de seu produto. Destacar se as sessões terão periodicidades distintas, de acordo com os objetivos e estratégias.

Pontos fortes e fracos – tendo em vista a linha editorial e os recursos a serem utilizados, identificar as facilidades e dificuldades para se alcançar os objetivos propostos.

Cenário – avaliar, analisar o contexto mercadológico e/ ou sociopolítico-cultural no qual o produto será lançado. Em que outros veículos se referencia? Quais os concorrentes? Como se encontra o país, a cidade, a comunidade onde será lançado? É a justificativa social do projeto de comunicação.

Ações – elencar todos os passos necessários para a execução do produto. Se possível, elaborar um cronograma já com a indicação de quais profissionais estarão envolvidos em cada etapa da produção. É interessante incluir aqui também as estratégias que serão adotadas para a divulgação do produto.

Projeto da Arquitetura da Informação

Com o direcionamento editorial definido, parte-se para a elaboração do *Projeto da Arquitetura da Informação*. De maneira geral, podemos propor a seguinte estruturação:

Posicionamento estratégico – qual o grande diferencial deste produto comunicacional? No que é único?

Fluxograma ou mapa do site – é a indicação da estrutura da informação, o caminho lógico (de acordo com o produtor de conteúdos), que leva o usuário a determinada compreensão da história. A estrutura da informação é a hierarquização das informações em termos de contexto e profundidade, definindo os níveis do produto. No fluxograma precisariam estar contempladas tanto a estrutura da informação quanto a de navegação, ou seja, já estarem previstas as vinculações entre as páginas. Porém, acaba por indicar muito mais a hierarquização dos conteúdos do que sua navegabilidade.

Descrição dos conteúdos – apresentar o mais precisamente possível o conteúdo de cada tela, explicando a intencionalidade dos ícones, textos, cores. Se possível, indicar o que se deseja em termos de projeto gráfico.

Descrição dos recursos interativos, tecnologias e sistemas – relacionam-se os sistemas que serão utilizados (blog, microblog, CMS – *Content Management System* – Sistema de Gestão de Conteúdos), uso de enquetes, fóruns, e-mail, comentários, utilização de redes sociais, plataformas de áudio e vídeo.

Wireframe – é a representação gráfica das telas, o esboço do site, em que o importante a ser indicado é a área, a proporção que aquele conteúdo (título, foto, vídeo, texto) irá ocupar na tela. No *wireframe*, pode-se indicar os menus e especificar melhor a disposição da navegação.

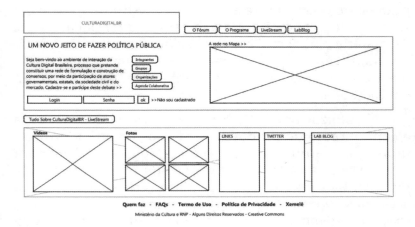

Figura 6. *Wireframe* da primeira versão da página do Fórum da Cultura Digital. Disponível em: http://www.culturadigital.br.

Macro e microestruturas

Esses dois projetos referem-se à elaboração da macroestrutura de um produto digital. Ou seja, visando à produção de um site, blog, rede social, especial multimídia que estará disponível na web, ou em um dispositivo móvel, o comunicador precisa definir o que deseja, qual o público que pretende atingir, quais as necessidades desse público que serão atendidas pelos conteúdos e qual a transformação social que buscará gerar nesse público. E definirá como será este produto em termos de estruturação de conteúdos e graficamente.

Ao trabalhar com os sistemas blogs, ao escolher o *template*, o modelo do layout, a arquitetura da informação está praticamente resolvida. Depois são agregados as páginas (o que será conteúdo fixo) e os *gadgets* ou *widgets* (ferramentas que adicionam funcionalidades). O sistema blog justamente se caracteriza, sob o aspecto estrutural, como um formato de publicação que é linear e sequencial ao revés. As matérias, publicações ou postagens (*posts*) vão sendo inseridas da mais atual à mais antiga, linearmente, sendo que no sistema são definidas quantas matérias aparecerão em cada tela.

Ao utilizar um CMS, há uma maior autonomia para a configuração do produto digital e o comunicador pode propor uma arquitetura da informação diferenciada para o site, para as editorias ou sessões ou mesmo para cada matéria. Mas mesmo quando utiliza o sistema blog, com a vinculação de outros blogs e sistemas nas próprias sessões, por exemplo, e com a criação de páginas (as áreas de conteúdos fixos dos blogs) pode haver certa subversão da estrutura linear dos *posts*.

Com os *tablets* que permitem a vinculação de grandes quantidades de conteúdos com boa resolução em um dispositivo tátil e funcional, os especiais multimídia e todas as promessas narrativas, experimentadas há alguns anos no CD-ROM, ressurgiram. Só que agora em rede, conectadas.

Resolvida a estrutura geral do produto, o comunicador precisa pensar na microarquitetura narrativa, que seria a estruturação dos conteúdos tendo em vista contar determinada história. Aqui, podemos trabalhar a composição específica de cada matéria e desenvolvê-las como microssites, como especiais multimídia autônomos. Para se estruturar especiais multimídia, parece-nos importante conhecer um pouco melhor a noção de arquitetura da informação.

Em uma ambiência que prima pela espacialidade, pelos deslocamentos em estruturas hipertextuais, em que o suporte é o espaço virtual, conhecer as noções, conceitos e a própria concepção da estrutura tecnológica é imprescindível para saber compor conteúdos que serão encontrados de acordo com uma lógica de navegação que também é tecnológica.

Além da hierarquização dada pelo autor ao redigir determinada informação, a leitura no espaço virtual ocorre de acordo com as vinculações, com as possibilidades de navegação pelas informações, o que leva a se ter um maior cuidado com o *design* e – mais precisamente – com a arquitetura da informação da matéria (microestrutura). E este é o conceito-chave para a estruturação do conteúdo na internet.

Arquitetura da Informação

Arquitetura da Informação (AI) é uma das noções fundamentais para compreender a produção de conteúdos no ciberespaço. O termo foi proposto em 1976, porém as ideias vinculadas a ele datam dos anos 1960, quando o arquiteto estadunidense Richard Würman buscava representar mapas e caminhos em diferentes escalas. Através de ilustrações, destaques, categorias e programas de computador, criou com seus alunos mapas de cidades e locais com a perspectiva de possibilitar o deslocamento por percursos próprios dos leitores em determinado contexto. O leitor constrói caminhos por fluxos físicos ou informacionais.

A arquitetura da informação virou, desde a metade da década de 1990, uma noção fundamental (que os norte-americanos chamam de "termo guarda-chuva", por abarcar muitas ideias) para qualquer profissional que trabalhe com tecnologias da informação e da comunicação, em função do processo de digitalização de nossa cultura. Com o sistema de produção digital, ficou cada vez maior a necessidade de se encontrarem informações de maneira coerente, correlacionadas, que tenham sentido e, em última instância, gerem conhecimento.

O planejamento e organização da informação em dispositivos complexos é o que busca a AI, que passou a ser vista como a ciência do design da informação. Como a função seria a de acompanhar todo o processo produtivo e não somente ser integrado para pensar no seu "visual", Würman propôs a formação de um novo profissional mais voltado para a sistemática, à estrutura e organização do produto: o arquiteto da informação.

No final dos anos 1990, dois outros pesquisadores norte--americanos, Louis Rosenfeld e Peter Morville, adaptaram as noções de AI para a *world wide web*, tendo como preocupação central a rentabilidade de um produto digital. Assim, o arquiteto da informação na internet seria o profissional que desenvolve a missão e a visão para o produto digital (site), considerando tanto os financiadores quanto a audiência, que define a funcionalidade e navegabilidade do site e que planeja a organização das informações e o crescimento do produto a curto, médio e longo prazos.

Há dois modelos principais para se pensar a arquitetura da informação: o mental (a forma como a mente organiza as informações); e o de biblioteca (as informações são indexadas de acordo com o perfil editorial, seguindo preceitos das Ciências da Informação). E alguns sistemas compõem esses modelos:

- sistemas de organização;
- sistemas de nomenclatura;
- sistemas de navegação (global, local e contextual); e
- navegação auxiliar e busca.

Macro e micronarrativas

Assim, desde a visão global da AI para compor determinado site, na estruturação de conteúdos para produtos digitais, partimos para a proposta de elaborá-lo em termos de uma macro e de uma micronarrativa. A macroarquitetura, conforme vimos, é o site como um todo, e geralmente um editor ou arquiteto da informação definirá sua estrutura da informação (as sessões, as editorias, que conteúdos entrarão e quais terão destaque) e será dada pelo Projeto da Arquitetura da Informação de forma geral.

Ao pensarmos nas possibilidades de navegação do usuário, na inclusão dos conteúdos, na usabilidade para encontrar determinada informação, estruturamos a macronarrativa do produto digital. A AI é a ferramenta para a vinculação dos conteúdos de forma a serem apreendidos pelos usuários.

A micronarrativa, por sua vez, corresponde à estruturação das matérias como especiais multimídias com a possibilidade de integração de outros sistemas ou dos recursos do publicador utilizado. A microarquitetura é a estruturação das matérias, com ela compomos a narrativa de cada matéria. A micronarrativa é proposta na sugestão de pauta.

A microarquitetura corresponde à estruturação do conteúdo final em uma linha narrativa, quer seja material institucional, quer informativo. O conteúdo final são as páginas onde o usuário encontra a informação por completo. É em especiais multimídia ciberjornalísticos que a microarquitetura pode se converter em narrativas interativas, matemáticas, fractais, modulares, multifuncionais, visuais, acessíveis e manipuláveis pelo usuário, características que o pesquisador norte-americano Lev Manovich utiliza para as novas mídias.

Produtos com narrativas interativas

Nos Estados Unidos, Brian Storm é um dos expoentes em desenvolvimento de especiais multimídia com narrativas interativas. Após trabalhar alguns anos na rede MSNBC (*MicroSoft National Broadcasting Company:* www.msnbc. com), a fusão da rede televisiva NBC com a Microsoft, Storm montou o MediaStorm (www.mediastorm.com), um estúdio de produção e desenvolvimento de especiais multimídia que tem como clientes grandes empresas de comunicação. Visitar e conhecer alguns destes produtos é fundamental para ter melhor compreensão das possibilidades narrativas sugeridas.

A equipe de multimídia do *New York Times* (NYT) também faz um trabalho bastante diferenciado. Desde as eleições presidenciais de 2008 tem realizado narrativas interativas com o uso dos mais distintos bancos de dados de forma associada, denominado jornalismo em base de dados. A cobertura e gráficos gerados para as eleições de 2008 pelo NYT são um marco na utilização dos bancos de dados no jornalismo digital. (Visite http://elections.nytimes. com/2008.)

Em 2011, pela primeira vez na história do reconhecido Prêmio Pulitzer da Universidade de Colúmbia, em Nova York, a modalidade reportagem não foi ganha pelo jornalismo impresso. "The Wall Street Money Machine" – A máquina de dinheiro de Wall Street –, reportagem investigativa do *ProPublica* (www.propublica.org/series/the-wall-street--money-machine), veículo online independente e sem fins lucrativos, levou tal prêmio.

E mostrou, ainda que de maneira bastante linear, desde a perspectiva narrativa do impresso, como o bom jornalismo investigativo pode ser estruturado em um ambiente digital em termos de contexto e profundidade. Um dos diferenciais é ser uma reportagem aberta e sem previsão de término sobre a crise financeira nos Estados Unidos, suas causas e efeitos.

Figura 7. Reportagem investigativa do *ProPublica*, ganhadora do Prêmio Pulitzer em 2011. Disponível em: http://www.propublica.org/series/the-wall-street-money-machine.

No Brasil, poucos veículos se destacam pela produção de especiais multimídia, dentre eles o JC Online (que mudou o nome para NE10: www.ne10.uol.com.br), de Recife, Pernambuco, que tem ganhado os principais prêmios nacionais para internet e multimídia. A reportagem especial "Longe da casinha de boneca" foi premiada também pela FNPI – Fundação para um Novo Jornalismo Ibero-americano. A reconhecida equipe de produção do NE 10 é uma das únicas no país que têm continuidade e um trabalho diferenciado em narrativas interativas multimídia. Em www.ne10.uol.com.br/grupo/especiais estão elencadas algumas das melhores reportagens especiais do jornalismo digital brasileiro.

Figura 8. Reportagem especial do JC Online sobre o trabalho infantil. Ganhadora do prêmio internet da FNPI. Disponível em: http://www2.uol.com.br/JC/sites/casinhadeboneca.

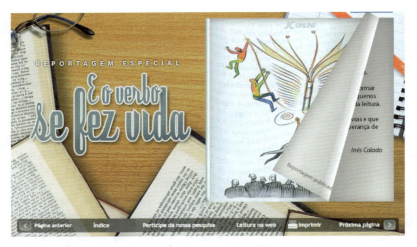

Figura 9. Especial "E o verbo se fez vida" do JC Online, sobre o prazer e a descoberta da leitura. Reportagem vencedora na categoria multimídia do prêmio Vladimir Herzog de 2010. Disponível em: http://www2.uol.com.br/JC/sites/verbo.

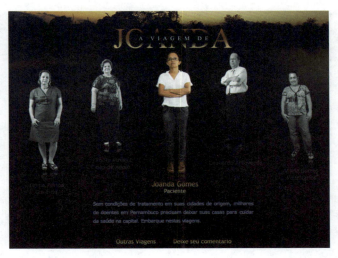

Figura 10. "A viagem de Joanda" conta a jornada dos pacientes do interior em busca de tratamento na capital pernambucana. Reportagem ganhadora do prêmio Tim Lopes de Jornalismo Investigativo, em 2010.

A equipe da Editora Abril que cuida das revistas do núcleo jovem (*Superinteressante* e *Mundo Estranho*, dentre outras) vem se destacando principalmente com os *newsgames*, que são jogos online interativos e informativos. O jornal *O Estado de S. Paulo* ganhou cinco medalhas no Prêmio Malofiej 2011, da Universidade de Navarra, que avalia e destaca as melhores infografias digitais e do impresso, duas delas online.

A Agência Brasil, na metade dos anos 2000, desenvolveu bons especiais multimídia, como o "Nação Palmares" e o "Bon Bagay Haiti – Histórias de Cité Soleil". E empresas independentes, como o Coletivo Multimídia Garapa (www.garapa.org), inspirado no *MediaStorm*, e a *Cross Content* (www.crosscontent.com.br), estão fazendo um trabalho diferenciado com reportagens e documentários em narrativas multimídia.

Figura 11. Documentário "Nação Palmares", da Agência Brasil, vencedor na categoria Internet do Prêmio Vladimir Herzog, em 2008. Disponível em: http://www.agenciabrasil.ebc.com.br/node/619.

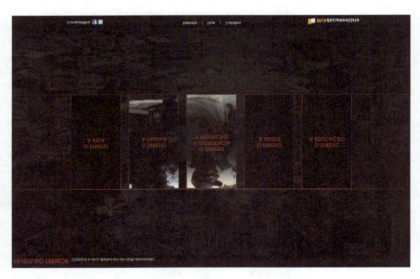

Figura 12. Documentário "Filhos do tremor – Crianças e seus direitos em um Haiti devastado", menção honrosa na categoria Internet do Prêmio Vladimir Herzog, da Cross Content. Disponível em: http://www.webdocumentario.com.br/haiti.

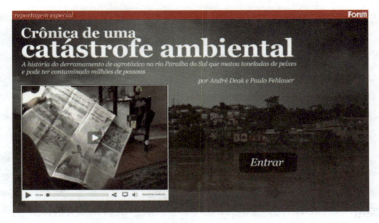

Figura 13. Reportagem multimídia realizada pelo Coletivo Garapa para a *Revista Fórum*.

Figura 14. Especial "Rio de Janeiro – Autorretrato", da Cross Content, vencedora do prêmio Vladimir Herzog, categoria internet, de 2011. Disponível em: http://www.riodejaneiroautorretrato.com.br.

Estruturando histórias no ciberespaço

Para a composição de matérias, para o "contar histórias" em um especial multimídia com narrativas interativas, uma maneira simplificada de pensar a estrutura narrativa é a partir da arquitetura da informação. A micronarrativa pensada desde as estruturas básicas da AI: a da informação e a de navegação.

Ao elaborar um produto de comunicação (jornal, revista para impresso, programa televisivo ou radiofônico), há uma hierarquização da informação que é dada ao se redigir a matéria, estruturá-la e editá-la. Na internet, essa é a estrutura da informação da matéria, a hierarquização dos conteúdos de acordo com o foco narrativo, o enfoque, o viés proposto pelo jornalista/produtor de conteúdos e pela linha editorial da publicação.

A estrutura de navegação é a forma como os diferentes blocos de conteúdos da matéria estarão vinculados entre si através de links internos à publicação ou externos. Aqui são estruturadas as vinculações e como cada conteúdo entrará de forma complementar. O ideal é que cada formato de conteúdo contenha informação adicional e não seja proposto somente de maneira ilustrativa para "ser" multimídia.

Em termos narrativos, podemos pensar em composição ou justaposição. Na primeira, há a inclusão de informações adicionais, na segunda somente se repete a informação, com fotos, vídeos, sons mostrando o mesmo que o texto/narração. Uma narrativa interativa pode usar a composição para os blocos de informações que entrarão nas telas e a justaposição de módulos a partir do texto principal, compondo aberturas para outras informações, em níveis de contextualização e profundidade.

Sob um aspecto mais teórico, em termos de composição narrativa, representaria o que o professor espanhol Ramón Salaverría propõe como uma estrutura reticular: desdobramentos que levam a outra matéria principal, que – por sua vez – remete a outra e assim sucessivamente. Também pode ser compreendido como um mosaico de informações, com textos, áudios, vídeos ou matérias em áudio e vídeo vinculados por uma unidade comunicativa coerente.

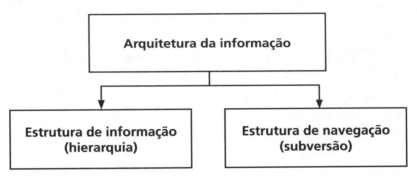

Figura 15. Estruturas básicas para a composição de uma matéria.

A AI, ao ser incorporada, estudada e aplicada a produtos comunicacionais, pode ser compreendida sob a perspectiva da transcodificação (a possibilidade de cada objeto digital assumir distintas funcionalidades de forma modular). Através da hierarquização dos conteúdos e da representação do fluxograma, pode ser concebida como dispositivos e aplicações para a elaboração de um roteiro modular que permita compor narrativas interativas multilineares e multimidiáticas.

Desde nossos estudos do começo dos anos 2000, vimos propondo que a sugestão de pauta possa ser estruturada como um roteiro multimídia. A inclusão das noções do projeto da AI na sugestão de pauta leva-a a ser uma ferramenta que acompanha o produtor de conteúdos desde a apuração das informações até a publicação. Ao se pensar em sua aplicabilidade para a elaboração de narrativas multimídia interativas, a arquitetura da informação não pode estar dissociada da seguinte linha evolutiva:

- de 1962 à década de 1990: um sistema de orientação para se chegar a determinadas informações;

- década de 1990: um sistema que, além de orientar o usuário na busca, possibilita a recuperação das informações;

- anos 2000: um roteiro para a criação de narrativas interativas multimídia.

Primeiro, a perspectiva dos projetos comunicacionais estava centrada em quem produz a informação e era a visão dos profissionais na composição de mapas, deslocamentos para que os dados fossem facilmente recuperados. Com o esforço da adaptação para a web, a arquitetura da informação passou a integrar os fluxos informacionais (organização, navegação, níveis da informação, sistemas de busca) com os aspectos gerenciais e comunicacionais (missão, visão, conteúdo, funcionalidade, crescimento e expansão de um produto).

Agora, podemos considerá-la uma ferramenta para a elaboração de narrativas interativas, para contar e compor histórias utilizando-se de conteúdos provenientes de distintos sistemas e subsistemas, com a interatividade e a colaboração.

Em uma primeira instância, a AI pode ser aplicada somente para a elaboração do mapa, para a composição da estrutura que permite formar caminhos, traçados, e leva o usuário a percursos próprios. Com maior atenção e complexidade, em um segundo momento integra os fluxos informacionais, com o uso de banco de dados, estabelecendo relações dos conteúdos entre si e destes com os usuários em sistemas complexos. E com vistas a produtos informativos e jornalísticos, a AI é aplicada como um roteiro previamente estruturado que possibilita a integração de estruturas narrativas interativas multimidiáticas.

Nesse sentido, a AI é uma ferramenta também para a composição de narrativas diferenciadas propostas de acordo com a especificidade de determinado produto. Conforme já comentado, tais características podem ser das sessões, editorias, dos gêneros jornalísticos ou da necessidade de destacar matérias. E assim estaremos contando histórias estruturadas desde sua hierarquização e possibilidades de navegação, imersividade.

A pauta como roteiro multimídia

A sugestão de pauta (ou pauta, pois se busca ressaltar que, mesmo muito bem estruturada, ainda assim continua sendo uma sugestão) é uma orientação que os repórteres recebem dos editores para saber que matérias irão elaborar, com quem falarão (quem são as fontes da matéria) e o prazo para entrega do material. É uma das ferramentas que os jornalistas utilizam em seu processo de produção.

Há uma estrutura básica da pauta composta de definição do tema, descrição ou contextualização do assunto, indicação do enfoque ou viés da matéria, prazo para entrega, identificação do repórter e editor responsável, hipótese ou hipóteses a serem comprovadas ou refutadas e relação das fontes a serem consultadas.

A sugestão de pauta é uma indicação e uma forma de direcionar e facilitar o trabalho do repórter. Este tem autonomia para propor novas abordagens, fontes e até mesmo alterar totalmente o inicialmente proposto, mediante o que é factual na apuração dos acontecimentos.

O tema na descrição da pauta é justificado em função dos critérios de noticiabilidade, ou valores-notícia, ou seja, o porquê daquela informação ser notícia. O pesquisador português Nelson Traquina, em *Teorias do jornalismo*, os sistematiza em: *de seleção – critérios substantivos –* morte, notoriedade, proximidade, relevância, novidade, fator tempo, notabilidade, inesperado, conflito ou controvérsia, infração e escândalo; *de seleção – critérios contextuais –* disponibilidade, equilíbrio, visualidade, concorrência, dia noticioso; *de construção –* simplificação, amplificação, relevância, personalização e dramatização.

Um dos grandes problemas da prática jornalística é quando o repórter ou, mais grave ainda, os editores assumem as hipóteses como uma verdade e não uma conjectura. Nesse caso, vimos jornalistas editando falas das fontes que colocariam em dúvida o sugerido inicialmente ou mesmo buscando somente fontes (profissionais, dados) que confirmem suas informações.

Outro problema é quando as fontes sugeridas refutam completamente as hipóteses, e o jornalista não consegue identificar uma nova abordagem para a matéria, muitas vezes deixando passar o melhor foco de acordo com o valor-notícia.

A pauta, conforme o trabalho do jornalista e professor Ronaldo Henn demonstra para o impresso, não era somente considerada um roteiro de trabalho. Percebida de forma mais ampla, podemos inferir que já seria aplicada como um percurso interpretativo. Quando o jornalista elabora a pergunta ou o problema inicial e as possíveis hipóteses de desenvolvimento, e ao efetuar a seleção e organização das informações relevantes para compor a matéria, os critérios de noticiabilidade e os valores-notícias estão sendo aplicados. Ou seja, este é o momento da estruturação do percurso interpretativo da matéria, que com a ajuda da AI como roteiro nas mídias digitais compõem a micronarrativa.

No caso da produção de conteúdos multimídia em narrativas interativas, a sugestão de pauta, além de ser um roteiro e um percurso interpretativo mental, é também uma ferramenta prática de composição narrativa. O que se propõe como ideal é que tenhamos sistemas automatizados para a publicação de conteúdos adaptados ao processo de produção jornalístico, em que a sugestão de pauta já estruturaria cada nível de informação. Os desdobramentos da matéria seriam compostos (e visualizados) desde sua concepção na própria elaboração da pauta.

De maneira geral podemos desenvolver a sugestão de pauta como um roteiro para narrativas interativas multimídia, estruturando-a no papel mediante a integração da arquitetura da informação. Além dos aspectos comuns aos demais meios de comunicação, a pauta define para as mídias digitais: os níveis de informação, os recursos multimidiáticos envolvidos e os diferentes caminhos a serem seguidos. Ou seja, busca-se trabalhar nela a integração da hipertextualidade na própria estrutura narrativa da notícia e da multimidialidade como composição narrativa, não justapondo informações (repetindo-as em diferentes formatos).

Um modelo a ser aplicado

QUADRO 1. Modelo da sugestão de pauta para produtos informativos multimídia interativos

Logomarca do produto	**Repórter** O nome do responsável pela matéria.
	Editor Nome da pessoa a quem o repórter estará se reportando e discutindo o andamento da apuração e composição dos conteúdos.
Data A data de entrega da pauta.	**Prazo** O período previsto para elaboração da matéria.
Assunto O tema exato da informação.	
Histórico/Informações A descrição do conteúdo, do contexto que confirma ser uma notícia a informação fornecida.	
Enfoque/Viés/Recorte/Hipótese A hipótese a ser confirmada ou refutada, a linha narrativa que conduzirá todos os desdobramentos da matéria.	
Desdobramento/Contextualização Explicação tela a tela dos possíveis desdobramentos da matéria, tendo o cuidado com a linha narrativa.	

Recursos multimidiáticos/Sistemas A explicação dos recursos de áudio, fotografia, arquivos-textos, vídeos inseridos na estrutura narrativa. Indicar quais os sistemas, plataformas e aplicativos que serão integrados.
Fluxograma A explicação tela a tela dos possíveis desdobramentos da matéria, tendo o cuidado com a linha narrativa. A AI precisa contemplar o fluxo da informação, ou seja, 1) sua estrutura de informação (a hierarquização das informações) e 2) sua estrutura da navegação. Exemplo do fluxograma de uma matéria: 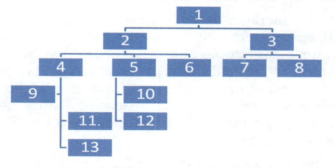
Fontes São divididas em: A) fontes nominais, com o contato via e-mail ou telefone, e B) Fontes no ciberespaço, sendo necessário indicar precisamente a página da informação.

Fonte: material didático da autora.

Outro aspecto que pode ser inserido já na elaboração da pauta e nos recursos multimidiáticos são as ferramentas de interatividade com o leitor. Cada vez mais os produtos digitais são interativos e colaborativos, com a possibilidade de o usuário ser inserido de maneira efetiva no processo de produção.

No projeto editorial, as ferramentas interativas podem estar previstas, de maneira geral, com o indicativo do uso das enquetes para questões atuais e polêmicas e da criação de fóruns semanais para assuntos que geraram discussão e comentários, por exemplo. Indicar se há interação direta com os repórteres, editores e/ou financiadores da publicação através do e-mail (o item mais básico a ser incluído). Os comentários podem ser feitos em todas as matérias, nas editorias ou em sessão específica do site.

A elaboração de um *newsletter* ou boletim informativo, em que o usuário se cadastra para receber via e-mail o resumo das notícias publicadas na semana ou no mês, é bastante interessante. Com as mídias sociais, há a possibilidade de estruturar uma sistemática de divulgação e circulação dos conteúdos, com chamadas no Twitter, nas redes sociais, com o uso da sindicação, os *feeds* de RSS (*Really Simple Syndication*).

Por fim, alguns gêneros jornalísticos podem ser pensados de maneira distinta em termos de publicação, como a entrevista, que no começo da web era um problema. Como deixar o texto interessante sem cansar o leitor? A sugestão é trabalhar com blocos de palavras de perguntas e respostas e estruturá-la em níveis, e publicá-la inclusive na íntegra em formato de áudio ou vídeo.

Se a micronarrativa não é aplicada a todas as matérias, nos especiais devem-se explorar as potencialidades do meio. Trabalhar com microssites, desenvolvendo os conteúdos em vários programas, sistemas, e integrando-os com destaque à estrutura do site. Caso somente os especiais sejam elaborados dessa maneira, as notícias e reportagens normais das sessões podem ter uma estrutura mais linear, como ocorre em praticamente todos os produtos digitais diários do Brasil. Mesmo assim é muito importante que seja estruturada já para o novo meio, através de uma pauta multimídia que roteirize os caminhos hipertextuais em diferentes formatos com contexto, profundidade, interação, colaboração, em uma lógica característica dos ambientes digitais.

É importante destacar outros diferenciais das mídias digitais. Ao produzir conteúdos nesses ambientes, uma pessoa/profissional pode desempenhar várias funções, com maior responsabilidade e mobilidade. Nos blogs, muitas vezes o trabalho é individual, por isso a atenção precisa ser redobrada. É importante o diálogo, a integração de profissionais e de funções para se ter um trabalho qualificado. E na produção na web, não há um limite delimitado de tempo e espaço para contar determinada história (para publicar uma matéria); este pode ser expandido em níveis da informação, com os desdobramentos e a contextualização.

Para contar histórias no ciberespaço, compreendemos ser necessário muito cuidado com o posicionamento editorial e com a elaboração da arquitetura da informação do produto como um todo. Mas, especificamente, é a integração da AI na estrutura narrativa das matérias que faz um produto se diferenciar. E é possível elaborá-lo utilizando sistemas, ferramentas, dispositivos e aplicativos livres e gratuitamente disponíveis na internet.

Para além de qualquer técnica ou tecnologia utilizada, o mais importante é a composição dos conteúdos em termos da hipertextualidade e dos recursos multimidiáticos, além da estruturação de uma narrativa interativa multimídia com níveis de informação e desdobramentos contextuais.

Exercícios de composição de conteúdos

1. Estruture o Projeto Editorial de seu produto comunicacional, de acordo com os seguintes tópicos:

   - Nome.
   - Apresentação.
   - Missão.
   - Objetivo.
   - Público-alvo.
   - Editorias ou seções do site.
   - Periodicidade de atualização.
   - Pontos fortes e fracos.
   - Cenário.
   - Ações para a execução do produto.

2. Elabore o Projeto da Arquitetura da Informação:

   - Posicionamento estratégico do produto.
   - Fluxograma ou mapa do site.
   - Descrição dos conteúdos tela a tela.
   - Descrição dos recursos interativos, tecnologias e sistemas.
   - *Wireframes.*

3. Defina uma matéria a ser desenvolvida para o site e estruture-a de acordo com o modelo de sugestão de pauta a seguir:

Logomarca do produto	Repórter
	Editor
Data	Prazo
Assunto	
Histórico/Informações	
Enfoque/Viés/Recorte/Hipóteses	
Desdobramento/Contextualização	
Recursos multimidiáticos/Sistemas	
Fluxograma	
Fontes	

3. Texto para mídias digitais

A redação do texto informativo multimídia para mídias digitais, da mesma forma que a composição narrativa, integra diferentes modalidades jornalísticas. É composta com a fusão dos textos para o impresso, o rádio, a televisão e a linguagem publicitária. Talvez o termo mais conhecido quando se fala em redação para ambientes digitais seja o *webwriting*. Proposto, em 1997, pelo escritor norte-americano Krawford Killian, buscava compreender a adaptação da escrita para o sistema hipertextual da web.

Com a produção de Jakob Nielsen, analista conhecido por seus estudos sobre a usabilidade para a web, e outros profissionais e publicações, *webwriting* é hoje compreendido como um conjunto de técnicas para a elaboração de conteúdos digitais. No Brasil, foi amplamente divulgado pelo livro *Webwriting: pensando o texto para a mídia digital*, do jornalista e publicitário Bruno Rodrigues, onde apresenta os fundamentos desta escrita que não se preocupa somente com a redação.

Conforme o capítulo "Composição dos conteúdos", a redação para a web vai muito além da estruturação do texto escrito. Há mudanças na organização da informação, no planejamento da notícia, nas etapas da produção, no estilo e na forma de veiculação das informações. Algumas possibilidades do meio influenciam na produção e formato, como a atualização constante, a fragmentação da narrativa com os desdobramentos da matéria e a ausência de limite espacial para a publicação dos conteúdos, a não ser o bom senso e o balizamento dado pelo retorno dos usuários ao acessarem os conteúdos.

Indicam-se possibilidades para a produção de uma matéria e aplicação do *webwriting*. Apresentam-se as características da linguagem jornalística e publicitária e as pesquisas sobre o comportamento de leitura do usuário na web. O intuito é, através da compreensão das especificidades do texto informativo e persuasivo, ter a liberdade de criação para o formato e estilo do produto a ser desenvolvido.

Produção da matéria

Ao elaborar uma matéria, o primeiro aspecto a ser considerado é o planejamento, com o começo da estruturação da sugestão de pauta, a pesquisa, que também é utilizada para elaborar a pauta e segue na composição ou redação da matéria. Com a definição de quais recursos multimidiáticos serão utilizados, já se organiza na micronarrativa a linha condutora da matéria. Indica-se onde entrará áudio, vídeo, foto (se estes serão utilizados para editar o vídeo, se comporão um *slideshow*), se o vídeo terá locução, se será uma matéria completa, se terá o áudio da entrevista na íntegra acompanhando o texto editado, dentre outras possibilidades.

Ao ter as informações apuradas, com os conteúdos em diferentes formatos, seleciona-se o material a ser utilizado. Este é organizado, editado e começa a redação, com a escrita e a reescrita. Como a pauta é o próprio roteiro, a redação pode ir direcionando e fornecendo a lógica mestra para a integração dos distintos formatos de conteúdos e dos sistemas associados.

Ao redigir o texto, procura-se ler em voz alta e, se houver necessidade, imprimir para a correção. Uma sugestão, para começar, é estruturar os parágrafos nas ideias principais e pontos-chave, de acordo com o enfoque ou viés do desdobramento da matéria que se está trabalhando, e segmentar as informações em blocos de conteúdos. Produzir parágrafos curtos, enxutos e, ainda assim, reduzi-los.

Ter em vista a liberdade de acrescentar outros blocos de texto ou formatos de conteúdos, objetivando a clareza da informação. Os blocos de conteúdos são uma unidade de significação, uma informação que é compreendida, faz sentido no contexto da matéria. Idealmente são estruturados em diferentes formatos, não somente o textual.

Sugestões para redigir

Uma das dificuldades ao produzir conteúdos é a da redação propriamente dita. A escrita do texto deve envolver, seduzir o leitor, e os títulos são ganchos para captar a atenção. Sobre o formato dos textos, há várias e distintas indicações, muitos manuais e livros publicados. Porém, a redação é dinâmica e a evolução das tecnologias e das interfaces, constante.

O melhor é adaptar as sugestões ao Projeto Editorial e gráfico do produto.

- Que o texto não seja maior que a página de leitura, evitando a rolagem de página. Porém, muitos sites noticiosos optam justamente pelo contrário, para que o leitor não necessite dar mais um clique para chegar à informação completa. Este será adaptado muitas vezes para interfaces de dispositivos móveis, e tais possibilidades precisam estar previstas nas diferentes resoluções.

- Recomenda-se a adaptação e que cada produção defina o número de parágrafos para as matérias de acordo com o tamanho padrão de uma tela de navegador em um computador ou *tablet*, em conformidade com o projeto gráfico de seu site. Estabelecer um tamanho mínimo e máximo de parágrafos e caracteres facilita o trabalho do redator e dará um padrão para o produto. O máximo de caracteres também precisa ser definido para títulos, legendas, linhas de apoio e destaques. Os textos nos blogs também podem ser padronizados de acordo com o modelo de *layout* escolhido e a proposta editorial do blog.

- O texto para ambientes digitais possui algumas características da redação publicitária. O uso da função conativa da linguagem, que fornece a noção de indivíduo, é talvez um dos maiores diferenciais do texto que é lido na web para o impresso. Esse recurso já é amplamente utilizado na televisão, porém o telespectador não o lê, ouve a narração e se sente mais próximo da informação e do acontecimento. Nos ambientes digitais, o texto escrito também se utiliza da noção do indivíduo e busca a proximidade através de pronomes, do uso do imperativo, da inserção do leitor na escrita.

- Algumas técnicas de redação do jornalismo impresso como o *lead* noticioso e a pirâmide invertida são recomendadas para facilitar a redação objetiva e lógica. Utilizar o *lead* significa começar a matéria buscando responder às seguintes perguntas: o quê, quem, quando, como, onde e por quê? A pirâmide invertida é a composição da matéria desde os aspectos mais relevantes para os menos relevantes, deixando a possibilidade de edição (corte) de informações adicionais para os parágrafos finais.

- Há outras proposições para a estruturação do texto para as mídias digitais, como a pirâmide deitada, sugerida pelo pesquisador português João Canavilhas, que trabalha com níveis de leitura. Parte da unidade base, que responde "o quê", "quando", "quem" e "onde", para o nível de explicação, que diz o "porquê" e "como". Depois o de contextualização que teriam outros formatos além do textual, com mais informações sobre o acontecimento. E, por fim, o nível de exploração, que liga a notícia a arquivos externos e a outros sistemas.

- Outra técnica interessante de redação é a das notícias como diamantes, em que a pirâmide passa a ser refletida para baixo, formando um diamante, proposta pelo norte-americano Paul Bradshaw, do Blog *Online Journalism* (www.onlinejournalismblog.com). A base relaciona-se com a profundidade do discurso, o topo com o discurso e a ponta inferior com o nível de controle do usuário. Os níveis são: alerta, rascunho, artigo/pacote, análise/reflexão, contexto, interatividade e customização.

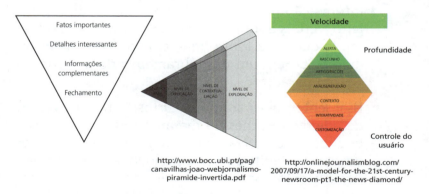

Figura 16. Pirâmide invertida/Pirâmide deitada/Notícias diamante.

- Também do jornalismo impresso vem a noção de o produtor de conteúdos ser um intermediário entre o especialista, o fato e os leitores (usuários). Assim este profissional busca relatar os fatos, dando crédito às informações que recebe. Não deve expor sua opinião, mas buscar a objetividade possível, precisão, concisão e clareza. Para textos estritamente informativos, indica-se escrever com simplicidade, escolher as palavras com cuidado, evitar formas pessoais ou expressões vulgares, contextualizar sempre e não utilizar a primeira pessoa.

- Escrever em blocos de informações estruturados de forma lógica, possibilitando a inclusão de outros blocos que serão vinculados ou desdobrados em intertítulos, na mesma ou em telas diferentes. Seguir o proposto na pauta, que é o roteiro com a indicação narrativa, mas ter a liberdade de incluir novas informações em desdobramentos ou blocos de conteúdos.

- Apresentar o texto em ordem lógica (partir de uma informação para chegar à conclusão) e direta (sujeito, verbos e complemento). Estruturar o texto de modo que cada fonte fique em um bloco de informação, ou em um desdobramento da matéria ou em um parágrafo.

- Usar sentenças e parágrafos curtos. Evitar a utilização de adjetivos, clichês ou metáforas elaboradas, usar linguagem objetiva. Para maior ênfase, os verbos devem ter significado preciso no lugar das locuções. Por exemplo: escrever "decidir" em vez de "tomar uma decisão"; "usar" em vez de "fazer uso de".

- O uso da voz ativa reduz o número de palavras e atrai aqueles leitores que tendem a passar os olhos pelo texto.

- Como as informações ficam armazenadas no digital, podem ser acessadas a qualquer momento e totalmente fora do contexto. É importantíssimo que o sistema sempre mostre a data da publicação. Essa pode ser uma atribuição do sistema, mas não diminui a importância de o texto também ser preciso.

- Outro diferencial do texto para as mídias digitais é que as repetições não só são aceitas, como muitas vezes podem contribuir para a clareza e compreensão da informação.

- Sempre optar pela simplicidade, por termos simples, tendo em vista o leitor internacional. Rever o uso de palavras ou expressões da língua portuguesa, bem como o uso de metáforas.

- Utilizar palavras-chave no corpo do texto (*tags*) em destaque.

Dicas para manual de estilo

- Escrever anos e década por inteiro. Cuidar com a precisão, mencionar dia, mês e ano, por exemplo: 15 de agosto de 2012.

- Usar endereços por extenso, com as primeiras letras em caixa-alta.

- E-mail deve ser grafado como se utiliza na internet.

- Sobre a grafia de horários: o dia começa zero hora e termina às 24h, ou meia-noite; a madrugada vai de 0h às 6h; a manhã, das 6h às 12h, ou meio-dia; a tarde, das 12h às 18h; a noite, das 18h às 24h. Utilize os horários inteiros com "da manhã" e "da tarde". Em cronometragem, grafe por extenso, por exemplo: 5 minutos, 20 segundos, 33 centésimos.

- Os números de um a doze devem ser grafados por extenso. A partir de 13, usar numerais. Algarismos de mil em diante devem ser pontuados, os anos são exceções: 1988, 2000. Os inteiros são grafados com mil, 2 mil, 30 mil.

- Aspas são usadas para as declarações de fala das pessoas entrevistadas (das fontes). Usar declarações curtas. As aspas não dão destaque na web, como acontece no impresso. Para destacar, usar **negrito**. O *itálico* pode ser utilizado, porém muitas vezes há problemas de legibilidade. Palavras estrangeiras podem ser escritas em itálico.

- Trabalhos científicos e título de obras devem ser grafados de acordo com seus títulos na íntegra e usar aspas, aspas simples ou itálico para dar destaque.

- Modismos, lugares-comuns, preciosismos e formas rebuscadas não devem ser utilizados.

- Evitar frases fragmentadas (sem o sujeito ou verbo). Exceção para títulos e legendas.

- Evitar a abreviação de nomes próprios.

- Pronomes demonstrativos em excesso prejudicam o ritmo do texto; o melhor é nominar. Pronomes indefinidos (muitos, alguns, diversos, vários) devem ser usados apenas em casos extremos, quando não for possível determinar o número expresso pelo fato.

Importância dos títulos

Escrever para web é escrever para ser encontrado; então, os títulos são muito importantes, desde o da página (aquele que fica indicado no navegador em cima na barra inicial) até os dos conteúdos e intertítulos. É principalmente através dos titulares que os buscadores indexam os conteúdos. O título precisa ter palavras suficientes para ser autônomo e significativo e ser um microconteúdo que traduza o macroconteúdo da página final.

Páginas e conteúdos diferentes precisam de títulos diferentes. O ideal é otimizá-los para uma leitura rápida, movendo as palavras significativas para o início do título e começando com uma palavra que corresponda às necessidades do usuário, quando percorre um menu. Fazer com que a primeira palavra seja a mais importante e contenha informações, o que resultará em uma melhor compreensão pelo leitor e melhor posicionamento para as ferramentas de SEO (*Search Engine Optimization* ou otimização para mecanismos de busca). Usar palavras-chave para iniciar o título.

O título na web é um gancho, um chamariz para fazer o usuário clicar, porém algumas vezes os redatores se equivocam indicando algo que não é o cerne da informação. Procura-se evitar gracejos que levem pessoas a buscar o que não existe ou as frustrem. Os usuários precisam ter expectativas claras do que receberão a cada clique. Ao estruturar a redação em blocos de conteúdos, pense em intertítulos significativos, que também podem ser palavras-chave.

Buscar sempre eliminar artigos definidos e indefinidos no início do título. Uma característica interessante dos títulos da web é quanto à utilização da voz passiva justamente para deixar as palavras mais importantes e significativas no começo do titular. Exemplo: "Cura para diabetes tipo 1 é alcançada com células-tronco". Usam-se também os dois pontos para destacar as palavras que possuem maior significado. Exemplo: "Futebol feminino: liga dos EUA é suspensa". Este é um recurso muito utilizado com citações, colocando o nome da fonte e a declaração entre aspas.

Lembrar sempre que os títulos nos ambientes digitais são exibidos fora do contexto e a quantidade de informações visíveis é muito menor. Nos materiais impressos, está associado às fotos, aos subtítulos e ao corpo inteiro do artigo. Assim, *o título tem que ser autônomo e fazer sentido, quando o resto do conteúdo não se encontra disponível.* O microconteúdo deve ser um resumo muito breve do macroconteúdo associado.

Uso de links

Alguns recursos têm de ser pensados na redação do texto, como o uso de links internos à publicação (vinculando informações prévias) ou externos, que levarão o leitor a informações correlacionadas ou contextuais, ou mesmo às fontes da matéria. As vinculações dão profundidade à informação e devem ser escolhidas entre palavras que suscitem curiosidade, ativem a memória e provoquem a identificação no leitor.

A pesquisadora Luciana Mielniczuk, em 2003, sistematizou uma tipologia de links para narrativas jornalísticas hipertextuais, dividindo-a quanto à navegação, à abrangência e ao tipo de informação.

No recurso de navegação, encontram-se links conjuntivos (abrem na mesma janela do navegador) e disjuntivos (abrem em outra janela, proporcionando a experiência de simultaneidade).

No universo de abrangência, estão os intratextuais (internos, que remetem a informações dentro do mesmo site) e os intertextuais (externos). Quanto ao tipo de informação, são classificados em editoriais (remetem ao conteúdo informativo do site e podem ser organizativos ou narrativos), de serviços (levam a serviços e podem ser internos ou externos) e publicitários.

Os links editoriais narrativos podem ser de acontecimento (relacionam-se aos principais acontecimentos do fato noticiado), detalhamento (dados, depoimentos e explicações), oposição (dados e argumentos que contestam as informações oficiais), exemplificação ou particularização (exemplos ou casos particulares), complementação ou ilustração (informações elucidativas complementares) e memória (remetem ao arquivo prévio do produto digital).

Nos sistemas automatizados, as vinculações internas são feitas por metadados, por associações que o sistema identifica e correlaciona por palavras-chave, editorias, sessões, datas. Lembrar que a web é um grande banco de dados, que o produto tem seu próprio banco de dados e que os links, as vinculações, são a natureza desse meio. Então, devem ser utilizados para qualificar, estruturar, contextualizar uma informação, bem como facilitar a compreensão do leitor/usuário/interagente.

Técnicas de *webwriting*

Para além de uma forma de escrever textos em um ambiente digital hipertextual e multimídia, uma "redação online criativa", *webwriting* passou a ser compreendido como um conjunto de técnicas para a produção e distribuição de conteúdos em ambientes digitais. Alia texto, *design* e tecnologia, tratando-os como componente único, que é a informação. Com a evolução da produção de conteúdos para a web, fica difícil dissociar a escrita ou redação online da composição de conteúdos de uma forma geral.

De acordo com o dicionário do "Trabalho Vivo da Cidade do Conhecimento da USP", quem trabalha com *webwri-*

ting é um "profissional que atua em mídias digitais, tendo como objeto de trabalho não só o texto propriamente dito, mas também toda e qualquer informação textual ou visual que seja veiculada. Sendo assim, sua preocupação não deve estar restrita à precisão, qualidade e criatividade do texto, mas também a questões ligadas à organização e à facilidade de acesso à informação".

É importante destacar que o *webwriting* é uma mistura da escrita jornalística com a publicitária, que visa convencer, seduzir o usuário para prosseguir na leitura. Para envolver o leitor, a escrita para a web precisa ser sensorial, buscar criar imersividade; por isso algumas de suas características advêm de recursos persuasivos, no sentido de incitar à ação. O uso da afirmação, da prescrição, do imperativo, de *slogans* (de fácil memorização, o resumo do produto, pessoa, situação), da repetição, da estrutura redundante, busca mostrar o essencial da informação e levar o usuário a apreender o que está sendo dito.

Por possuir um estilo que visa à usabilidade, ação, persuasão do usuário, as técnicas de *webwriting* são bastante utilizadas para a elaboração de produtos corporativos e publicitários. Aqui, os títulos não precisam ser frases gramaticais, mas sim parecer mais "*slogans* de *outdoors*".

O objetivo é cativar o leitor, ganhar sua atenção, por isso é ainda maior a importância da definição do público--alvo. Precisa-se saber com quem se fala para transmitir a mensagem e levar à ação. As técnicas do *webwriting* são muito voltadas para a percepção do usuário como um caçador da informação que, de acordo com as pesquisas de Jakob Nielsen do final dos anos 1990, utilizaria 26 segundos para procurá-la em uma página. Então, o texto precisaria ser objetivo, conciso e escaneável.

Três mandamentos do *webwriting*: objetividade, navegabilidade e visibilidade.

- A objetividade diz para ir direto ao ponto e preferencialmente utilizar textos curtos; porém, se a informação pedir, usar outros recursos. Pensar no conteúdo em camadas (ou níveis), trabalhar uma ideia por parágrafo (se o raciocínio for longo, desdobrar em mais de um parágrafo), planejar, fragmentar, fracionar, dividir o conteúdo em páginas, links, áreas e seções. Objetividade é dar a informação completa. Fazer isso depende de planejamento e criatividade.

- A visibilidade é dar destaque às informações mais importantes. Em mídias digitais o texto também tem uma função visual. Utilizar listas, ícones de destaque (*bullets*) e ícones gerais que caracterizem o produto e a informação. Organizar as informações de maneira lógica em série e mostrar dados numéricos. Fazer tópicos para um mesmo assunto, itens que possam ser destacados. Se necessário, ser redundante, repetir a informação, já que com as ferramentas de busca o usuário pode chegar à página de maneira totalmente descontextualizada.

- A navegabilidade diz que o redator tem de se imaginar como um guia turístico para capturar a atenção e o interesse do usuário. E dar a ele opções para saber mais, através de links, evitando os excessos e links externos. Palavras e expressões autoexplicativas são ideais para links e devem ter informações suficientes sobre o conteúdo indicado. Não utilizar expressões como "clique aqui". Usar o atributo ALT (do código HTML) que fornece o significado das imagens.

Redação publicitária

Na linguagem publicitária, a perspectiva é prescritiva, de aconselhamento, que visa levar a uma ação, julgamento, à compra. Conforme bem demonstra o professor e escritor João Anzanello Carrascoza, a publicidade se utiliza do discurso deliberativo e da retórica para estabelecer a credibilidade e provocar a ação.

Na introdução ou exórdio, apresenta-se o assunto predispondo o ouvinte a favor da informação; na narração, os fatos buscam amplificar ou atenuar o que foi anteriormente dito; nas provas, demonstra-se visando excitar as paixões dos ouvintes; e no epílogo ou peroração, recapitula-se. De maneira específica, na publicidade tal estrutura narrativa busca captar a ação, despertar o interesse, criar o desejo e levar a um julgamento através da credibilidade estabelecida.

Os recursos argumentativos podem ser utilizados na redação para as mídias digitais na fusão com o texto jornalístico informativo, tendo em vista uma maior compreensão das informações fornecidas, tanto em formatos estritos da publicidade como nos *banners* e anúncios que podem ser elaborados para divulgar ou destacar o produto digital ou matérias. Carrascoza sistematiza alguns recursos argumentativos:

- **Unidade** – o texto trata de um único assunto que será retomado em cada etapa do discurso. A questão aqui é a redundância *versus* a variedade e o saber informar, dar condições de o leitor chegar a um julgamento com propriedade sem sair do assunto.

- **Estrutura circular** – tenta evitar o questionamento, levar o leitor a conclusões definitivas, salientar a prescrição. O todo e cada parte do texto são iguais. A estrutura circular do texto persuasivo está sempre reafirmando a ideia central, reforçando a unidade. Podemos relacionar a noção de cada parte do texto, remeter ao todo da estrutura circular, com o princípio da multiplicidade e encaixe das escalas do hipertexto, em uma estrutura fractal, em que cada parte contém e expressa o todo.

- **Dominância da função conativa** – procura atuar sobre o leitor, o usuário, o interlocutor da mensagem. É o uso do "você", causar a sensação de uma falsa intimidade, já que o objetivo é atingir o maior número de pessoas. E este é um dos recursos persuasivos bem incorporados pelo *webwriting* e pelo texto jornalístico em seus titulares, legendas e links.

- **Escolha lexical e rede semântica** – apesar de ser também indicada para o texto informativo jornalístico nos ambientes digitais, principalmente em produtos visuais, a escolha lexical em textos persuasivos toma outra relevância, pois aqui a escolha das palavras é muito criteriosa. Há uma intencionalidade e ideologia por detrás do texto, um sistema de valores que tais palavras precisam explicitar. Pela livre associação, chega-se à rede semântica, que será a base da escolha lexical.

- **Figuras de linguagem** – o objetivo é tornar o discurso mais envolvente, aumentando seu grau de expressividade. Algumas das mais utilizadas são as metáforas (para comparações), o eufemismo (amenizando), as hipérboles (exagerando) e as repetições (reforçando e repetindo).

- **Criação de inimigos e apelo à autoridade** – são dois recursos muito parecidos; no primeiro, cria-se um inimigo para se combater, um adversário explícito ou oculto a quem se deve atacar. O segundo busca a referência de algo ou alguém conhecido para não deixar dúvidas de que será bem aceito, usando provérbios, ditos populares e figuras de referência para a locução (tal como artistas, desportistas, políticos).

- **Afirmações** – da mesma forma que no texto informativo para a web, no persuasivo afirma-se para ratificar o assunto principal e não deixar dúvidas.

- **Manipulação** – na linguagem publicitária é um esforço legítimo de convencimento e faz parte da dinâmica do aconselhamento. Através da tentação, da intimidação, da sedução e da provocação, o texto persuasivo vai prometer a recompensa, ameaçar, evocar as qualidades e julgar negativamente para levar a um julgamento e à ação.

Os recursos argumentativos do texto persuasivo são utilizados na web não somente em peças publicitárias. O *webwriting*, por definição, é uma mistura da redação jornalística com a publicitária e o próprio texto jornalístico passou a incorporar alguns recursos persuasivos, conforme visto anteriormente.

Pode-se dizer que há certa unidade textual quando se sugere uma ideia por parágrafo, quando se trata de um assunto por vez. Permite-se a repetição das informações no texto da web para melhor compreensão, para fixar a informação. Também se busca a proximidade com o usuário, quando se utilizam os pronomes possessivos e pessoais. Usam-se frases afirmativas e se escolhem bem as palavras, pois se pretende contar uma história sem deixar dúvidas no leitor.

Na organização dos conteúdos em uma estrutura narrativa hipertextual, cada parte da matéria, cada desdobramento, pode utilizar a circularidade para retomar a matéria principal, a manchete. Ao trabalhar com uma estrutura multilinear, cada parte da informação precisa conter o todo para que seja compreendida. Assim, acreditamos ser importante conhecer os recursos e características da redação publicitária para se discernir sobre sua utilização em produtos interativos multimídia em ambientes digitais.

Recursos para trabalhar o texto

Desde as eleições presidenciais norte-americanas de 2008, quando o *The New York Times* mostrou a nuvem de palavras-chave nos discursos dos principais candidatos, a representação gráfica das palavras passou a ser usada como forma de evidenciar os conteúdos essenciais de determinado texto. O *Wordle* (www.wordle.net) é um sistema que permite a criação de nuvens de palavras, como abaixo:

Figura 17. Nuvem de palavras-chave do livro *Produção e colaboração no jornalismo digital*, produzida pelo sistema Wordle.
Disponível em: http://www.wordle.net/show/wrdl/2456122/LivroRedeJorTec.

Pode-se utilizar este recurso para evidenciar as principais ideias de uma entrevista, de documentos públicos ou mesmo para chamar a atenção para o foco da matéria.

Uma possibilidade de organizar o texto em uma mesma área gráfica da tela é usar o *tabcontainer*, que é muito parecido com o *box* do jornalismo impresso, só que com abas por onde se pode navegar. É um recurso da plataforma tecnológica AJAX (*Asynchronous Javascript and XML* – Javascript e XML Assíncronos), que desenvolve aplicações web no computador do usuário. O *tabcontainer* é um conjunto de guias que organizam as informações em um mesmo espaço de tela.

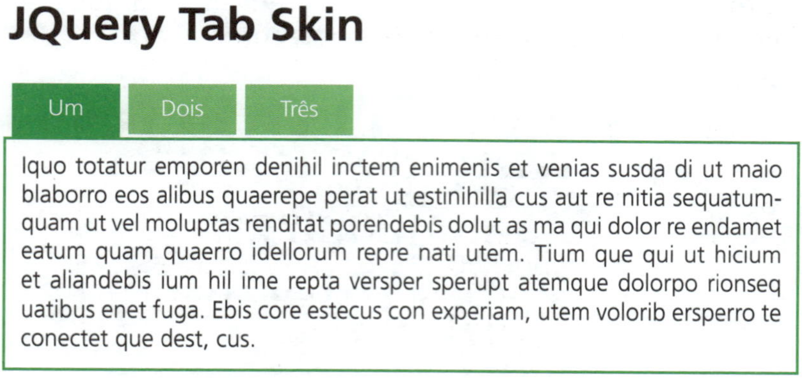

JQuery Tab Skin

Um	Dois	Três

Iquo totatur emporen denihil inctem enimenis et venias susda di ut maio blaborro eos alibus quaerepe perat ut estinihilla cus aut re nitia sequatumquam ut vel moluptas renditat porendebis dolut as ma qui dolor re endamet eatum quam quaerro idellorum repre nati utem. Tium que qui ut hicium et aliandebis ium hil ime repta versper sperupt atemque dolorpo rionseq uatibus enet fuga. Ebis core estecus con experiam, utem volorib ersperro te conectet que dest, cus.

Figura 18. Exemplo de *tabcontainer* elaborado por Mattberseth2.com (http://www. Mattberseth2.com).

Outro recurso para otimizar o texto em uma interface gráfica é o uso do *accordion* (acordeão), uma lista de etiquetas que podem ser expandidas para mostrar o conteúdo associado a cada item. O mais simples é o "mostrar/esconder" (*show/hide*) de uma caixa de texto, que geralmente contém vários itens.

É a mesma tecnologia que possibilita abrir abas nos navegadores e os menus em abas. Relaciona-se a uma interface de documentos tabulada em que múltiplos documentos podem ser abertos em uma mesma janela. Para serem implementados na web, geralmente há *scripts* prontos que podem ser copiados e configurados.

As linguagens de *script* são executadas no interior de programas ou em outras linguagens de programação; então, podem constituir linhas de código pronto a serem inseridas com determinada funcionalidade. A mais conhecida e utilizada é a Javascript. Nesta página, há vários exemplos de *accordions* para serem instalados (disponíveis em www.downloadjavascripts.com/Vertical_Accordion_Panel.aspx).

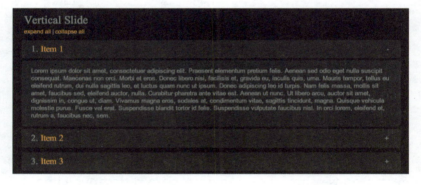

Figura 19. Exemplo de *accordion*, desenvolvido por pr0digy.com. Disponível em: http://www.pr0digy.com.

O *tooltip* é uma "dica da ferramenta", conforme o próprio nome diz. Refere-se àquela caixa de texto com informações adicionais que abre quando se passa o mouse em cima de determinada palavra. É um elemento muito comum em uma interface gráfica web, e se relaciona em termos de organização do texto com a possibilidade de uso do atributo ALT do código HTML.

```
┌─Three elements with tooltips, default settings──────────────
Link to google
Input something please!
┌Test────────────────────┐
└────────────────────────┘
Code ┌──────────────────────────────────────────────────────┐
     │ Observe que a dica desaparece quando clicar no elemento de entrada │
$('#s  └──────────────────────────────────────────────────────┘
```

Figura 20. Exemplo de *tooltip*. Fonte: jquery.bassistance.de/tooltip/demo.

A plataforma multimídia do *Macromedia Flash* é também bastante utilizada para inserir informações adicionais. Com o avanço das tecnologias associadas a interfaces gráficas, cada vez mais *scripts* prontos são oferecidos por desenvolvedores. Nesta página, há efeitos de texto, de imagem, menus e uma série de aplicações em Flash (www.scriptbrasil. com.br/codigos/Flash).

Da mesma forma que os sistemas blogs e CMSs publicam conteúdos de acordo com modelos (*templates*) previamente formatados, há serviços que possibilitam a criação de um site ou especial multimídia completamente em Flash, como o WIX (www.wix.com). Com ele, pode-se construir um site em Flash totalmente pela interface gráfica da web, sem precisar utilizar o programa desenvolvedor.

É uma possibilidade bem interessante para a elaboração de matérias especiais, ou mesmo para o desenvolvimento de uma sessão (editoria). Este tipo de recurso é o que nos referimos quando falamos da integração de outros sistemas às sessões do site (tal qual canais do *YouTube* ou *Vimeo*, imagens do Flickr).

Leitor web

Ao finalizar este capítulo, parece interessante comentar algumas pesquisas sobre a forma de leitura na web que nortearam a produção de conteúdos e a maneira de se redigir para as mídias digitais. Desde os indicativos do comportamento do leitor para os jornais impressos, nos anos 1990, pensava-se que as imagens é que atraíam a atenção primeira de leitura.

As pesquisas mais fidedignas com o impresso foram realizadas através do monitoramento do movimento dos olhos ao passar pelas informações, com uma tecnologia denominada *Eye Track*. Os leitores nos veículos impressos focam sua atenção nas fotos da página, para então a deslocarem para os textos.

Fazendo sondagens de usabilidade, Jacob Nielsen desde 1994 afirma que o texto é o primeiro e principal foco da atenção do usuário na web. Ao analisar *websites* em geral, também diz que a leitura é superficial e que 79% dos usuários "escaneiam" o texto. Nos anos 2000, o Instituto *Poynter* para o Jornalismo da Universidade de Stanford aplicou a tecnologia *Eye Track* à web e confirmou o que Nielsen dizia, ou seja, o texto é o ponto de entrada da página, a leitura é superficial, mas quando o leitor seleciona um conteúdo lê 75%.

Na sondagem realizada em 2004, há uma maior precisão, com a identificação de que os títulos dominantes primeiro atraem a leitura, que esta começa pela esquina superior esquerda da tela e que parágrafos curtos são mais lidos do que os longos. A leitura permanece superficial e somente o primeiro terço dos títulos são lidos.

Em 2007, nova pesquisa efetuada pelo Poynter começou a indicar uma mudança no comportamento do leitor da web, pelo menos o de sites noticiosos. Os resultados apresentam um usuário atento, com uma leitura mais profunda, que chega às informações através de dispositivos direcionais (as buscas). Mas 53% continuam a escanear o texto, contra 47% que são mais metódicos.

No ano seguinte, Nielsen reafirma que a leitura é baixa na internet, que os leitores só leem 20% do texto de uma página. O jornalista colombiano Guillermo Franco, em seu livro *Como escrever para a web* – uma importante ferramenta para se compreender o texto transposto do impresso para o digital, a partir da experiência de um profissional que passou por essa transição –, analisa de maneira muito interessante os resultados das pesquisas. Coloca em questão se mudou o comportamento do leitor ou os diferentes resultados devem-se a direcionamentos metodológicos.

Em pesquisa realizada em 2006 com a tecnologia *Eye Track*, Jakob Nielsen elabora um importante mecanismo de análise, através dos mapas de calor, ao identificar a forma como o usuário procede à leitura nos conteúdos de uma página. Ele passa os olhos sobre tópicos importantes, pousando no que está destacado, em leitura dinâmica, atendo-se ao que efetivamente chama a atenção. Esse movimento gera um mapa de calor, que Nielsen chamou de padrão de leitura em F, em E e em L invertido. Esse vídeo mostra, em inglês, como funciona o rastreamento da página com o *Eye Track* (http://tinyurl.com/5wd2at).

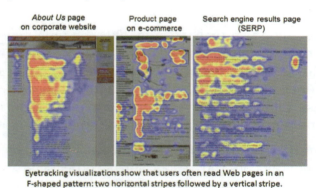

Figura 21. Padrões de leitura web F, E e L invertido. Disponível em: http://: http://www.useit.com/alertbox/reading_pattern.html.

Nas imagens anteriores, o vermelho indica os pontos em que os olhos ficaram mais tempo pousados. Primeiro, as pessoas leem os títulos, depois os subtítulos, os links, as palavras-chave (ou destaques no texto) e as listas e ícones.

Assim, buscamos mostrar como o texto pode ser estruturado para ser redigido nos produtos multimídia das mídias digitais. Através das características do texto informativo proveniente, de forma geral do jornalismo impresso, do já adaptado a produtos digitais da web e de alguns recursos da linguagem publicitária, pensamos em dar opções para a liberdade criativa de adaptar, criar estilo e caracterizar um produto de comunicação.

Os recursos de *scripts* e ferramentas são alguns indicativos de como se pode graficamente implementar a disposição do texto em uma interface gráfica. Também é importante destacar o que as pesquisas com leitores mostram. A palavra escrita é a primeira a chamar a atenção do usuário ao olhar uma interface digital. Portanto, a responsabilidade da redação é muito grande.

Como a produção de conteúdos em distintos formatos requer conhecer um pouco de cada meio de comunicação, de sua sistemática de produção, buscaremos destacá-la nos capítulos 4 e 5, direcionada à linguagem e redação do rádio e do telejornalismo.

Exercícios de texto multimídia

1. Aplique as regras de redação multimídia em um texto do jornalismo impresso. Use links, blocos de texto, intertítulos, reescreva, condense. Use frases curtas, linguagem ainda mais simples. O título precisa ser significativo, fazer sentido sem contexto, ser um "gancho".

Reportagem da revista *Família Cristã* – edição 912, ano 78, publicada em dez. 2011

Título: Vidas Ameaçadas

Linha fina: Com o lema "Quando a dor vira resistência", há cinco anos o Comitê Goiano pelo Fim da Violência Policial luta contra a impunidade e pelos direitos humanos no estado.

Repórter: Jucelene Rocha

Há mais de uma década o Ministério Público investiga militares de envolvidos em ações criminosas no estado de Goiás. Com base neste trabalho, no dia 15 de fevereiro de 2011 a Polícia Federal deflagrou a Operação Sexto Mandamento, que resultou na prisão de 19 policiais do alto comando da PM (Polícia Militar). A atuação contundente de grupos da Igreja Católica e de organizações da sociedade civil em defesa dos direitos humanos foi decisiva para chamar a atenção sobre a realidade de violência praticada por membros da PM no estado.

Em fevereiro de 2005, a operação de desocupação da Comunidade Sonho Real, localizada no Parque Oeste Industrial, em Goiânia, acabou por revelar a truculência policial, ao mesmo tempo em que apressou a organização popular pelo fim da violência e da impunidade. Na época, durante dez dias antes da desocupação, a polícia realizou a Operação Inquietação, que consistia em uma ronda durante a noite ao redor da Comunidade Sonho Real. Nos números oficiais dos resultados da intervenção policial, constaram duas mortes, 800 pessoas presas e várias feridas.

No entanto, a partir desse episódio, familiares e conhecidos passaram a relatar assassinatos e desaparecimentos de moradores. Vítimas expuseram que a polícia chegava atirando e que pessoas morreram sem direito de defesa. Outros relatos apontam que os jovens que foram executados estavam totalmente deformados, um aspecto omitido nos relatos dos laudos oficiais. Esse atentado aos direitos humanos foi considerado, assustadoramente, um sucesso pelo comando da polícia e passou a ser chamado de Operação Triunfo.

A ação de despejo capitaneada por militares marcou e transformou de forma negativa a vida de 4 mil famílias que viviam no local, ao mesmo tempo que também tornou mais evidente as arbitrariedades cometidas por membros de corporações policiais. Por ter crescido o número de desaparecidos, entre 2005 e 2006, foram realizadas manifestações e audiências públicas, com familiares de vítimas e de pessoas desaparecidas e com a participação determinante de organizações do segmento de direitos humanos e segurança pública, visando tornar mais evidente a urgência em enfrentar no estado os problemas nessa área.

2. Identifique um site institucional comercial que utilize redação promocional (o "marquetês"). Aplique

as indicações de usabilidade de Jakob Nielsen e de *webwriting* ao texto encontrado.

- Reescreva em linguagem objetiva.
- Estruture o texto original em um "design escaneável", ou seja, abra parágrafos, espaços em branco, diagrame melhor.
- Deixe o texto original conciso, cortando metade das palavras.
- Faça a versão combinada das três versões do texto.

3. Com base na pauta elaborada no exercício do capítulo anterior, parta para a redação da abertura da matéria e dos dois principais desdobramentos sugeridos (p. 47).

4. Formatos de conteúdos em áudio

O formato MP3 permite a compressão dos arquivos de música com perda de qualidade mínima. Criado em 1996, representou uma verdadeira revolução para a indústria sonora, porém o áudio até hoje não é utilizado de maneira intuitiva e natural na internet.

Muitas pesquisas e analistas e os próprios internautas se perguntam pelos motivos. Em 2002, em Salvador, um grupo de alunos também músicos fizeram uma pesquisa informal para identificar as razões de o áudio ser tão pouco utilizado na rede, já que havia tecnologia para implementá-lo. Anos depois, questões idênticas surgiram dos alunos de jornalismo e das oficinas ao produzirem *podcasts* e matérias para mídias digitais.

Algumas das reclamações mais comuns, de acordo com investigação realizada por pesquisadores da Universidade Estadual de Campinas, é que se necessita instalar muitos *plugins*, que o áudio da página começa automaticamente ou está com o volume muito alto e também que alguns usuários não têm um bom ambiente para ouvir o conteúdo como placa de som e caixas adequadas.

A questão talvez vá além, em função da percepção do usuário para o ambiente da internet. Talvez seja apreendida como uma tela (interface) com conteúdos acessados via demanda, e a porta de entrada é o texto. O olhar primeiro de um internauta vai para o texto nas telas dos dispositivos digitais.

O áudio, em um ambiente coletivo, torna-se invasivo e poucos têm o hábito de utilizar fones de ouvido no Brasil. Com os dispositivos móveis, o crescente uso dos jogos de computador, dos tocadores de MP3, talvez essa sensação venha a se alterar, com o áudio assumindo a composição do espaço sensorial acústico nos ambientes digitais.

O objetivo é revisitar o texto para o áudio, a redação que é parte do processo da produção de conteúdos e se constitui como palavra escrita somente para a equipe de desenvolvimento. Para o usuário, é linguagem oral. E os formatos de conteúdos do radiojornalismo podem ser incorporados na estrutura narrativa de um especial multimídia, uma reportagem, por exemplo.

É importante destacar que aqui nos referimos a formatos de conteúdo como compreensão narrativa e estética de uma produção. Uma resenha ou crítica tranquilamente pode ser produzida em áudio, assim como a entrevista na íntegra ou editada e inserções sonoras são muito boas para contextualizar e aproximar o usuário do acontecimento, por exemplo. No sentido de incorporar os formatos de conteúdo ou mesmo os gêneros jornalísticos, aspectos e características da linguagem do radiojornalismo são importantes para a produção das matérias no ciberespaço.

A mobilidade da web hoje é o grande desafio, uma característica que a produção de conteúdos multimídia só tem a aprender com o rádio. Devido à facilidade de veiculação, este sempre esteve à frente na cobertura de eventos ao vivo e continua também via internet, utilizando-a, muitas vezes, como suporte para transmitir programas ao vivo e gravados em outra abrangência de audiência.

Que tipo de programa, de formato de conteúdos, pode ser produzido em áudio na internet? Será que o único seria o *podcast*? Não podemos falar em vinheta, trilha, cortina, inserção e nos gêneros jornalísticos em áudio para serem incluídos nas produções multimídia? Internet seria somente um novo suporte para as rádios mostrarem suas programações e agregarem conteúdo textual?

Dicas de redação para o radiojornalismo

Em rádio, o texto sempre se inicia pelo mais importante e busca o máximo de concisão. E para ser ouvido, narra-se, conta-se de maneira simples e acessível. A linguagem é intermediária entre a culta e a coloquial formal, pois são conteúdos informativos que se balizam pelo fazer jornalístico.

Como quem estará lendo no momento da gravação não necessita saber a pronúncia, as palavras devem ser grafadas como são pronunciadas. Se utilizar regionalismos e palavras estrangeiras, buscar a pronúncia correta. Evitar palavras difíceis ou pouco usadas, ser objetivo, conciso, direto. Eliminar dados supérfluos, pois o ouvinte não consegue apreender grandes quantidades de informações.

Para saber se o texto funcionará, ler em voz alta e analisar o efeito causado. Buscar sempre utilizar a ordem direta de sujeito, verbo e predicado, com tempo verbal presente. Ter clareza textual, ou seja, não misturar ideias. Começar uma linha de raciocínio e explicar de maneira direta o que pretende informar, deixando clara a informação a passar. O objetivo é atrair a atenção do ouvinte, causar impacto. Para isso, criar uma sensação de proximidade, ser direto.

Na produção do texto, o ritmo é dado pela acentuação e elementos gráficos; então, utilizar reticências, dois-pontos, travessões, pontos de interrogação e exclamação. Estes elementos serão traduzidos pela capacidade de interpretação do locutor/narrador.

Ao nominar fontes e instituições, primeiro indicar o cargo, depois o nome da pessoa. Evitar utilizar o plural, abreviar, repetir fonemas (aliteração), frases na negativa, cacofonias (uma mão, música gaúcha, por cada, triunfo da) e rimas.

Nossa proposta é que os conteúdos multimídia de produtos comunicacionais sejam desenvolvidos e estruturados buscando integrar formatos diferenciados em áudio, na íntegra ou editados. E, antes de mais nada, que tenham uma cuidadosa redação.

O radiojornalismo na internet

As emissoras de rádio entram na internet em 1996, nos Estados Unidos. No ano seguinte, as rádios Imprensa, no Rio de Janeiro, e a Cultura (da Fundação Padre Anchieta), em São Paulo, também marcam presença na web no Brasil.

Consideramos que há três tipos de emissoras que estão na internet: radiofônicas, as tradicionais que dispõem de conteúdos em um novo suporte; *webradios*, que nasceram na internet; e rádios piratas ou livres, que não possuem autorização para transmitir nas ondas sonoras e estão na internet como forma de existência e expansão.

Com os recursos interativos, a possibilidade de inclusão de conteúdos multimídia e a readaptação das emissoras ao ambiente digital, é interessante pensar a produção de conteúdos em áudio para as mídias digitais com certo distanciamento das características do meio anterior. E cada vez mais trabalharmos com produtos interativos multimídia na web, independentemente da narrativa principal ser em áudio, vídeo ou texto.

Plástica radiofônica

No caso de produtos interativos multimídia em ambientes digitais, podemos pensar na incorporação dos gêneros jornalísticos da crônica, de reportagens, notícias de última hora, e também na inserção de novos formatos, bem como em utilizar as possibilidades da plástica radiofônica. Em vez de músicas aleatórias ao acessar sites, por que não aquelas com características breves e bem moduladas, que os identifiquem?

Algumas inserções sonoras da plástica radiofônica podem ser incorporadas aos produtos para as mídias digitais, como:

- **Característica** – música que identifica o início e fim de um programa. É a identidade musical que pode ser associada a uma matéria, sessão do site ou profissional.

- **Cortina** – trecho musical breve que separa uma parte do programa do todo. Muitas vezes indica a transmissão de comentários, seções especializadas ou editorias.

- **Vinhetas** – são a identidade, a marca registrada de uma emissora de rádio, de um programa ou patrocinador. Muitas vezes, compostas de texto e música. Podem ser de entrada (utilizadas para dar o gancho de entrada a um programa, ou de volta do bloco comercial) e de saída (de fim de programa ou de ida ao bloco comercial).

- **Trilhas** – são os fundos musicais, os BGs (*backgrounds*). Geralmente é um instrumental em volume inferior ao do texto lido pelo locutor, utilizado para dar ritmo a uma locução. Têm função reflexiva e expressiva e devem respeitar a proposta da veiculação da notícia, da nota, combinar com o que está sendo dito. Não se aconselha usar trilhas em entrevistas ou reportagens. Um dos grandes problemas da produção do audiovisual é com o volume do BG, que não pode concorrer com a voz do narrador, por isso sempre testar e equalizar em diferentes formatos de arquivos.

Novos formatos de conteúdos

Talvez o único formato de conteúdo diferenciado em áudio que tenha surgido na internet seja o do *podcast*, com uma estética própria que lembra a dos blogs. São longos arquivos de áudio (em média 40 min) em repositórios vinculados pela tecnologia do RSS (*Real Simple Syndication*). Seu nome é uma junção do mais popular tocador de MP3, o I-Pod, com a radiodifusão, o *broadcasting*. Representam a possibilidade de difundir os arquivos de áudio em um sistema próprio de distribuição. Inicialmente seu conteúdo era voltado para o entretenimento e registro de momentos da vida real, mas logo as empresas de comunicação na internet passaram a utilizá-lo, adaptando-o para entrevistas, programas de auditório e mesas-redondas.

Os *podcasts* são geralmente produzidos com equipamentos não profissionais e softwares de edição disponíveis gratuitamente na internet, em formato de arquivo MP3 (*MPEG-1/2 Audio Layer 3*) ou ACC (*Advanced Audio Coding*), MP3PRO, WMA ou OGG. Qualquer um pode baixar os arquivos e escutá-los em um dispositivo de áudio. O processo de produção denominado *podcasting* não se diferencia dos anteriores na captura e edição do áudio, mas sim totalmente na publicação, pois o que caracteriza um *podcast* é estar associado a um link em RSS vinculado a uma descrição em um arquivo XML (*eXtensible Markup Language*), que permite a agregadores, como Juice ou Doppler, baixar os arquivos e organizá-los no computador usuário.

São as descrições nos arquivos XML que possibilitam o monitoramento das atualizações e a indicação do caminho para as transferências de conteúdo. Os agregadores se associam com o iTunes (Apple) ou o Windows Media Player (Microsoft), que procuram na internet *podcasts* disponíveis para download. Com este sistema de distribuição, além de os arquivos estarem sempre atualizados, há a vantagem da velocidade para se baixar os conteúdos. Hoje, o sistema de *podcasting* contém vídeos, também chamados de *podcast* vídeo ou *vodcast*.

Um dos programas indicados para a criação de arquivos XML para *podcasts* é o Feed4All. Para a edição, um software disponível e bastante fácil de ser utilizado é o Audacity. O site *Podcasting* Brasil (www.podcastingbrasil.com.br) relaciona bons materiais em distintos canais para serem acessados. Há dicas de como cadastrar os conteúdos nos agregadores para serem encontrados pelos *podcatchers* (coletores de *podcasts*).

A pesquisadora Débora Lopes, no livro *Radiojornalismo hipermidiático*, indica outros formatos:

- **Clipe** – reedição do material transmitido ao vivo. Utilizado em esportes, desastres, especiais, retrospectivas, longas transmissões.

- **Áudio *slideshow*** – com fotos ou vídeos e textos, trata-se de uma narrativa multimídia.

- **Charge eletrônica** – utiliza recursos de áudio para transmitir um ponto de vista.

Porém, o *podcast* é o único formato com uma estética diferenciada e com um novo sistema de distribuição e consumo na web. *Audiocast* é como os conteúdos em áudio distribuídos via internet são chamados; o *podcast* é um deles.

Para a produção de conteúdos é interessante ter um banco de dados de arquivos sonoros disponível no computador de trabalho. E também músicas com direitos autorais liberados; o Jamendo (www.jamendo.com/en) fornece milhares de possibilidades, indexadas por categorias.

O sucesso das redes de compartilhamento de músicas na web é outro aspecto interessante do áudio. A Last.Fm (www.last.fm) tem comunidades virtuais que trocam informações e recomendam manualmente tendências e artistas. O Musicovery (www.musicovery.com) é um serviço totalmente interativo e customizado pelo usuário, que estrutura visualmente uma rede interligando a música que está tocando com outras afins, tendências e informações adicionais.

O MP3 e seus aparelhos sonoros, o computador, o som do carro, os *tablets* e as possibilidades de integração com celulares; os deslocamentos, viagens, trânsito da vida urbana das grandes cidades, que utilizam das redes digitais e possibilitam o "acompanhamento" cotidiano de espaços acústicos sonoros particularizados. Seleções musicais, audiolivros, arquivos de aulas, materiais didáticos e informativos foram sendo integrados nesse universo em distintos dispositivos e indicam novas possibilidades de produção de materiais sonoros.

É interessante lembrar que a dramaturgia como formato de áudio é bastante utilizada na América hispânica, e menos no Brasil, apesar de ter sido um dos primeiros diferenciais da produção do portal Zaz (atual Terra), na metade final da década de 1990. Muitos se emocionaram com as histórias das radionovelas, mas a atenção migrou para sua representação com imagens. Certamente essa é uma das possibilidades pouco exploradas na produção de conteúdos em áudio para narrativas multimídia interativas.

Exercícios de formatos de conteúdos em áudio

1. *Podcast*:

Navegue pelas seguintes páginas para conhecer mais sobre *podcasts*:

- WikiCast – a enciclopédia dos *podcasts* brasileiros: www.wikicast.com.br
- Teia Cast – índice de *podcasts* brasileiros: http://teiacast.com.br
- PodPods – diretório de *podcasts* brasileiros: http://www.podpods.com.br
- Portal de *podcasts*: http://podcast1.com.br
- Site *Podcasting* Brasil: www.podcastingbrasil.com.br

Para ouvir os *podcasts*:

- **Pode-se ouvir direto do site** – geralmente, abaixo de cada *podcast* há um *player* com a indicação "clique para ouvir". Basta clicar que o *player* abrirá e o áudio começará a tocar.

- **Pode-se salvar para ouvir depois** – caso prefira, pode baixar o arquivo para seu computador ou salvá-lo em um tocador de MP3. Para isso, clique com o botão direito do mouse em "download" no *player* ou no ícone da esquerda que diz "áudio MP3" e selecione a opção "salvar arquivo como".

- **Pode-se configurar o sistema de *podcasting*** – no *player*, há outro ícone à esquerda com "iTunes" ou "Media Player". Basta clicar no ícone do iTunes, por exemplo, que abrirá a página do programa e, ao selecionar "subscribe", passará a receber os *podcasts* novos assim que forem atualizados. Também pode inserir o código de RSS diretamente no iTunes; basta clicar no último ícone da direita do player, com "RSS", e selecionar "copy link". Abra o iTunes, clique no menu "Advanced" e depois "Subscribe to Podcast" e cole o RSS na caixa de diálogo.

Para fazer seu *podcast*:

- **Para quem utiliza PC**, a melhor opção é usar o programa *Audacity*, que é gratuito, livre, fácil de usar, para a edição de áudio. Pode ser baixado em audacity.sourceforge.net. Baixe também o *Lame Encoder*, programa que transformará o áudio gravado para o formato MP3. *Quem utiliza Macintosh*, use o GarageBAnd (*www.apple.com/br/ilife/garageband*).

- Conecte o microfone e fones de ouvido ao micro, em função da qualidade do retorno para acompanhar a gravação. No *Audacity*, selecione "microfone" como fonte de gravação no menu.

- Clique em "Arquivo" e abra "Preferências", na aba Audio I/O, selecione sua placa de som para gravação (*recording*) e reprodução (*playback*). Na caixa de seleção Gravação (*recording*), escolha 1 (mono), a não ser que esteja utilizando dois microfones; a opção "estéreo" só aumentará o tamanho do arquivo. Na aba "Qualidade", mantenha a taxa padrão de amostragem em 44.100Hz e escolha 16 bits para o formato.

- Clique na aba "Formato de arquivo", que comanda opções de conversão do arquivo final. Clique no botão "Encontrar Plugin" (*Find Library*), navegue até onde está o Lame Encoder e selecione 64 como taxa de bits.

- Com as configurações escolhidas é só começar a gravação. Verifique se o volume de gravação está bom. Ao terminar de gravar, clique no botão "Parar" e salve o arquivo em formato WAV, por precaução.

- Coloque a trilha, músicas, sonoplastia (efeitos especiais) arrastando os arquivos para o Audacity. Edite as falas de acordo com o roteiro da matéria. Edite no arquivo WAV.

- Com o programa pronto, escolha a opção "Exportar como MP3" no menu "Arquivo" e seu *podcast* está pronto para ir ao servidor.

- **Crie o arquivo RSS** – o RSS fornece dados sobre o arquivo a ser baixado e deve seguir algumas regras básicas para funcionar. Veja, abaixo, um exemplo de arquivo RSS, que pode ser editado no Bloco de Notas e salvo com outro nome no formato XML. Altere os links para seu próprio servidor e nome do arquivo: www.meuservidor. com.br/meupodcast.xml. É preciso gerar um RSS para cada *podcast* produzido.

```xml
<?xml version="1.0"?>
<rss version="2.0">
<channel>
<title>Meu Podcast</title>
<pubDate>Wed, 26 Jan 2005 23:00:00 -0200</pubDate>
<link>http://www.meusite.com</link>
<description>Meu Primeiro Podcast</description>
<item>
<title>Podcast 1</title>
<guid>http://www.meusite.com/podcasts/podcast1.mp3</guid>
<enclosure url="http://www.meusite.com/podcasts/podcast1.
mp3" type="audio/mpeg"/>
<pubDate>Wed, 26 Jan 2005 23:00:00 -0200</pubDate>
</item>
</channel>
</rss>
```

Fonte: http://tecnologia.terra.com.br/interna/0,OI1279537-EI4804,00.html.

- O *Feed Burner* (www.feedburner.com) é uma ferramenta que cria o arquivo de RSS automaticamente; basta digitar o endereço do site caixa de endereço e dar um nome a esse feed.

- Utilize o *EasyPodcast* (www.easypodcast.com) para montar a estrutura do link e enviar para o servidor.

- Há serviços brasileiros para a divulgação de podcasts, como o Brasil Podcast (www.brasilpodcast.com.br) e o Eu Podo (www.eupodo.com.br).

- Utilize o iTunes para subscrever seu podcast e verificar se está funcionando.

2. Com base na pauta elaborada, produza uma matéria, um áudio *slideshow*. Lembre-se de fazer o roteiro de áudio, de acordo com a lauda de rádio (as indicações para a composição da lauda podem

ser vistas no manual *Rádio: a arte de falar e ouvir*, desta mesma coleção Laboratório, de autoria do SEPAC/Paulinas). O foco narrativo é o áudio, a linha condutora da matéria; as imagens são informações contextuais.

- Um *slideshow* com áudio pode ser criado no PowerPoint, abrindo a apresentação e no primeiro slide selecionando "apresentação" e "transição de slides". No lado direito, no "assistente de transição", na caixinha "som", role a seta e selecione "outro som". Na tela que abriu, selecione o arquivo desejado e "ok". Tanto fotos quanto áudio precisam estar previamente selecionados para serem editados no PowerPoint. A extensão do arquivo de áudio deve ser .wav. Você pode enviar a apresentação para o SlideShare (www.slideshare.net), por exemplo, e incorporá-la em sua matéria no sistema blog ou CMS que utiliza.

- O *Animoto* (http://animoto.com) é um sistema que permite a criação de áudio *slideshows* online. Você pode se cadastrar e editar a matéria no Animoto e depois incorporá-la a seu site.

- Para um trabalho mais qualificado, recomenda-se a instalação e utilização de programas específicos de edição, como o Sound Slides (http://soundslides.com). Neste link, há um vídeo tutorial bastante explicativo em português, com exemplos de produtos elaborados e uma introdução ao uso do programa (http://www.nelsondaires.net/index/tutorial_vdeo_soundslides.html).

5. Imagem estática e em movimento

É nas mídias digitais que os conteúdos produzidos expressam o discurso que o professor Arlindo Machado desde o começo dos anos 2000 chama de áudio-tátil-verbo--moto-visual. E certamente em uma cultura imagética como a nossa, o balizamento é dado por este sedutor "visual".

Neste momento da tecnologia web, com a facilidade de captação dos vídeos e, principalmente, de publicação com os sites de compartilhamento compondo uma ambiência dinâmica e integrada aos recursos colaborativos da web 2.0, a imagem está se tornando cada vez mais soberana nos ambientes digitais.

Imagem estática

Conforme as indicações do áudio *slideshow*, ao trabalhar com narrativas multimídia interativas, os produtos são cada vez mais audiovisuais, com a integração de formatos. A fotografia, as ilustrações, migraram do impresso para a web juntamente com a virtualização dos produtos, na primeira fase do ciberjornalismo denominada de "migração do impresso".

A galeria de imagens foi o primeiro recurso utilizado pelos produtos de comunicação para organizar as fotografias vinculadas a um acontecimento. Com os serviços específicos de hospedagem e partilha de fotografias, como o *Flickr* (www.flickr.com), o *Photobucket* (www.photobucket.com) e o *Picasa Web* (picasaweb.google.com.br), é cada vez mais fácil organizar, sincronizar e publicar fotos.

Os blogs possuem aplicativos (*widgets* ou *gadgets*) que relacionam as fotos de determinados álbuns a uma área da tela. A inclusão de imagens também na galeria desses programas é muito facilitada. Lembre-se de que, em conteúdos informativos jornalísticos, as legendas são muito importantes e servem para identificar a imagem, contextualizá-la, acrescentando informações.

Os flogs (ou *fotologs* ou *fotoblogs*) são registros em imagens publicados na mesma estrutura dos blogs, em ordem cronológica, da mais recente à mais antiga. Têm legendas, comentários, sugestões e críticas, já que o objetivo de um flog é a interatividade, a conversação. Alguns sistemas para criar *flogs*: Fotolog (www.fotolog.com), eFlog (www.flog.clickgratis.com.br), Terra Fotolog (www.fotolog.terra.com.br).

Recursos podem ser utilizados para a produção de imagens na web, como os programas *online* para edição. O Reduz Foto (www.reduzfoto.com.br) redimensiona as imagens; o Pixlr (www.pixlr.com) – em português, no Photoshop Online (www.photoshoponline.com.br) e no Photoshop Express Edition (www.photoshop.com/tools/expresseditor?wf=editor) – e o Online Image Editor (www.online-image-editor.com) as editam. Há bancos de imagens, como o Stock.XCHNG (www.sxc.hu), o Morgue Files (www.morguefile.com), o Open Photo (www.openphoto.net), dentre outros, para uso não comercial ou de acordo com a licença indicada.

As fotos panorâmicas também são uma possibilidade interessante de produção. Há vários programas que alinham as imagens e as salvam em arquivos mov ou avi para serem inseridas na internet. Neste endereço, no UOL Tecnologia, há indicações de programas e formas de criar panorâmicas (http://tinyurl.com/7fm8m4e).

Um dos grandes diferenciais das imagens estáticas surgiu com os *mashups* em interfaces gráficas na web, que possibilitam a inclusão de informações provenientes de diferentes fontes. Os exemplos mais comuns são os mapas do Google com informações de locais, endereços de sites, traçados, percursos.

Figura 22. A interface do WikiCrimes é um exemplo de *mashup*.
Disponível em: http://www.wikicrimes.org.

Imagem em movimento

O vídeo pode ser utilizado na internet para ilustrar determinada situação, contextualizar e – principalmente em narrativas multimídia interativas – contar a história conduzindo o foco, o viés do acontecimento. A linguagem audiovisual possui uma sintaxe bem definida que visa narrar histórias com precisão e coerência. Planos, enquadramentos, movimentos de câmera para expressar o que se vê. Em produtos informativos comunicacionais, o vídeo precisa compor histórias em planos abertos, fechados, com movimentos de câmeras e um roteiro onde se reconheçam muito bem a ideia e o foco narrativo.

O manual *Vídeo: da emoção à razão*, da coleção Laboratório de autoria do SEPAC/Paulinas, apresenta as características da linguagem audiovisual e roteiros para a elaboração de matérias, bem como um modelo de lauda com a divisão entre áudio e vídeo.

Para produtos audiovisuais, elaboram-se o roteiro literário e o técnico, com o *storyboard* (os desenhos dos enquadramentos). No caso de produtos informativos, o roteiro literário é a pauta; então, o técnico precisa ser feito. E será utilizado no momento da edição, na composição da imagem com o áudio da narração e os elementos textuais (a identificação da fonte, de locais, do repórter ou outra informação que se deseje).

Para a elaboração de matérias em vídeo, para situar o produtor de conteúdos em relação às imagens, de acordo com o objetivo deste manual, buscamos destacar os aspectos textuais da produção das matérias. Seguem algumas características da redação do telejornalismo e dicas para facilitar a produção de materiais informativos.

- O texto para as matérias é oral, narrativo, e possui um planejamento que se complementa com o da composição sequencial das imagens. O roteiro técnico de um produto audiovisual não foi incorporado à produção jornalística, caracterizada pela captura das imagens por um cinegrafista, pelo repórter conduzindo o processo e depois ambos indicando o que será editado, em conformidade com o texto do repórter.

- O roteiro técnico é onde se estruturam texto e imagem, compondo a história; é uma ferramenta para o editor de imagens, que faz a montagem com programas de edição. No telejornalismo, os repórteres costumam acompanhar a edição até a matéria estar pronta para ser veiculada. Na web, geralmente é a mesma pessoa que edita o material.

- O roteiro é um instrumento da equipe de produção e precisa conter tanto as indicações técnicas quanto o texto final, a narração do que se mostra em imagens.
- Escreve-se para ser ouvido, com as imagens ditando a narrativa. O texto pode usar tanto os indicativos da linguagem escrita padrão (impresso) como o da coloquial e oral (rádio), baseada no uso cotidiano. Busca-se a perspectiva conversacional, a impressão de que o narrador ou repórter está conversando com o telespectador.
- A redação é simples, precisa, clara, com o máximo de isenção, buscando a síntese da informação, o viés da matéria, com cuidadosa escolha lexical. A escrita precisa soar natural, como se fosse uma conversa; por isso, a leitura em voz alta do que se escreve é fundamental.
- Para contar a história com imagens, utilizar a linha do tempo, estruturá-la cronologicamente, compreender o que se escreve relacionado à imagem que será mostrada.
- Uma ideia de cada vez, dita com palavras simples. Evitar palavras difíceis ou supérfluas. Somente utilizar adjetivos quando acrescentam uma informação importante ou detalhe interessante. Reler o texto e procurar eliminar palavras buscando aumentar a clareza do que será transmitido.

Dicas de redação para o telejornalismo

- Utilizar frases curtas e na ordem direta (sujeito, verbo e predicado).

- Usar os verbos no presente do indicativo ou presente histórico mesmo para o futuro quando for próximo (ex.: O presidente toma posse amanhã) ou no futuro composto (Ex.: O presidente irá tomar posse amanhã). O futuro do indicativo também pode ser utilizado (ex.: O presidente tomará posse amanhã).

- Evitar o gerúndio e jamais utilizá-lo em início de frases.

- Não utilizar frases entre vírgulas, intercalando ideias.

- Ser breve para situar o espectador sobre um assunto já anteriormente veiculado. Relembrar o fato com objetividade.

- **Atenção**: o artigo é indispensável, em função da nominação em uma conversa. Os artigos possessivos somente são utilizados quando se referem a algo de propriedade do telespectador; substituir, quando for conveniente, por "dele" ou "dela".

- Evitar gírias, para não empobrecer ou vulgarizar o texto. Tomar cuidado com a perspectiva de abrangência do conteúdo: um leitor internacional não entenderá uma gíria ou regionalismo.

- Se utilizar citações, deixar claro no começo quem é o autor.

- Há algumas particularidades do texto sonoro para o vídeo que foram sendo percebidas na produção, como o uso do "porque", "mas" e "depois", em vez de "pois", "embora", "após", característicos do texto impresso.

- Podem-se repetir palavras, mas sem exagerar.

- Não utilizar "senhor" e "senhora", mas sim indicar o cargo, a função da pessoa.

- Usar siglas somente quando bem conhecidas, senão escrever por extenso o que significa e depois a sigla, indicando como deve ser lida (se letra por letra, colocar hífen entre elas; se uma palavra, escrever normalmente).

- Ao indicar o tempo, deixar claro o momento em que os fatos aconteceram, por exemplo: "Hoje à noite", "Ontem à tarde", "Na próxima sexta-feira".

- Quanto a horários, usa-se a forma mais comum, como "nove da manhã", "oito da noite", "três da tarde".

- Somente se diz a idade se essa informação for relevante para a compreensão da matéria.

- Quanto aos números, buscar falar em números redondos, como "dois milhões", "cerca de dez mil reais", em função da capacidade de apreensão da informação por parte do ouvinte, espectador.

Ambientes de vídeo na internet

O *YouTube* (www.youtube.com) é o serviço mais conhecido de compartilhamento de vídeos. Fundado em 2005, possui uma série de serviços agregados, como a criação de canais, o uso de palavras-chave, a inserção dos vídeos (incorporação) em outras páginas e um editor online (www.youtube.com/editor). Foi o *YouTube* que popularizou a divulgação de vídeos na internet, com milhões de usuários, acessos e conteúdos.

Outro serviço de compartilhamento bastante conhecido é o *Vimeo* (www.vimeo.com), que somente publica material criado por usuários. No mesmo ano da criação do *Vimeo*, em 2004, no Brasil foi desenvolvido o portal Videolog (www.videolog.tv), que possui uma grande base de usuários e permite vídeos gratuitos com até 25 minutos de duração.

Com os blogs e os fotologs, vieram os videologs (ou videoblogs, ou vlogs), cujo conteúdo principal é composto de vídeos. Seu formato é linear, sequencial, geralmente com conteúdo pessoal. *Videologger* ou *vlogger* é o termo utilizado para identificar os produtores de vídeos pessoais para internet. Alguns têm migrado para as televisões em canais fechados nos últimos anos no Brasil, principalmente os voltados a um público jovem e irreverente.

Transmissão de vídeos

Com o aumento da velocidade de conexão e a facilidade de uso dos dispositivos móveis, também está cada vez mais fácil fazer o "ao vivo" via internet, ou seja, utilizar o *streaming*. A transmissão de eventos, palestras e acontecimentos pode ser realizada através da configuração de tecnologias e sistemas disponíveis gratuitamente na rede. É similar à transmissão da televisão e pode deixar armazenado ou não o conteúdo para acesso futuro. Também é uma forma de assistir a conteúdos com direitos autorais e canais de televisão e rádios de outros países e continentes via internet.

Um dos mais conhecidos sites de streaming é o *Ustream* (www.ustream.tv), com uma rede de canais de televisão e eventos *online*. Outros indicados são o *Justin* TV (www.justin.tv) e o *CoveritLive* (www.coveritlive.com).

Para ter seu canal, transmitir eventos, basta cadastrar-se nos sites, configurar os endereços, acionar a câmera do computador e começar a transmitir. O canal pode ser incorporado no blog ou site.

Para transmitir ao vivo via celular, alguns programas são indicados, como o próprio *Ustream* (www.ustream.tv/everywhere), o *Bambuser* (www.bambuser.com) e o *Qik* (www.qik.com). Criam um canal exclusivo para as transmissões que pode ser compartilhado e tem integração com as redes sociais.

Exercícios de imagem estática e em movimento

1. Elabore um *mashup* a partir do Google Mapas.

   - Faça seu cadastro nos serviços Google (Gmail, Google+) e entre em http://maps.google.com. Clique em "meus lugares" e "criar mapa".

   - Defina um título, uma descrição e seu "público".

   - Encontre o endereço do local do acontecimento de sua matéria, entre com o endereço na edição do mapa, usando os recursos de selecionar, adicionar e desenhar da área superior esquerda.

   - Salve o mapa e, no ícone do link ao lado, copie ou o endereço ou o código fonte para incorporar em outro site.

2. Leia este artigo http://tinyurl.com/8ypal7k e identifique as melhores ferramentas para editar vídeos online.

3. Faça o cadastro no *Ustream* e crie seu canal ao vivo.

   - Você pode efetuá-lo no próprio site. Para isso, entre na página http://www.ustream.tv/get-started, clique em *Sign Up*, ligue sua câmera, cadastre-se (faça o login), crie o canal e escolha a categoria dele. Selecione "permitir" para acessar o console da câmera de vídeo e comece a transmissão.

- Você pode baixar o programa *Ustream Producer* e instalá-lo em seu computador. Veja como fazer a configuração em http://tinyurl.com/89kunv3.

6. Redes sociais e redações convergentes

Em vários momentos deste manual falamos da web 2.0 e em seus recursos tecnológicos que possibilitam o compartilhamento de conteúdos entre diferentes sistemas, sites ou serviços. É essa intensa interação que possibilitou as redes sociais. No âmbito do sistema de produção, com a partilha de conteúdos e a integração de narrativas, outros aspectos da convergência se evidenciam.

Este capítulo aborda dois aspectos que, atualmente, formatam o produtor de conteúdos para a web: as redes sociais como sistema de circulação da informação e as atribuições necessárias a este novo profissional em função da convergência.

Mídias e redes sociais

As redes sociais na internet são um avanço das antigas comunidades virtuais, ou seja, caracterizam-se por pessoas interagindo em determinada ambiência com interesses comuns, compartilhando objetivos, ações, ideias. Mídias sociais é uma noção um pouco mais ampla e se relaciona à produção de conteúdos de forma descentralizada, sem o controle editorial de um grupo ou grupos de comunicação.

Muitas vezes ouvimos falar em "ferramentas de mídias sociais", que compreendemos como sistemas online desenvolvidos com as tecnologias da web 2.0 e permitem a interação social, o compartilhamento e a criação colaborativa de conteúdos em diferentes formatos. Com tais possibilidades, a facilidade de publicação dos conteúdos é muito grande.

Com a livre publicação, o problema ficava a cargo da distribuição e visibilidade das informações na internet. Até a metade dos anos 2000, pesquisas indicam que o conteúdo acessado era o divulgado em outras mídias (jornais, revistas, televisão, rádio). Com as redes sociais, essa realidade se modificou e podemos até afirmar que os sistemas de distribuição das informações passaram a ser alterados e acrescidos pelos próprios usuários.

A produção de conteúdos é diferenciada para cada sistema, ferramenta, rede social. Algumas possuem características em comum, mas podem ser pensadas de maneira estratégica de acordo com os objetivos do produto comunicacional, em função de sua divulgação e inserção em determinada comunidade virtual ou física.

Os blogs e microblogs são mídia social por não terem um controle centralizado. Orkut (www.orkut.com.br), Facebook (www.facebook.com), MySpace (www.myspace.com), LinkIn (www.linkedin.com), Formspring (www.formspring.me) são redes sociais de relacionamento pessoal ou profissional. Serviços como o Tumblr (www.tumblr.com) são intermediários entre blogs e microblogs.

Tudo que se refere a compartilhamento e produção coletiva de conteúdo é mídia social. Alguns termos em inglês como *crowdsourcing*, *crossmedia* ou *transmedia* passaram a ser utilizados para explicar a produção colaborativa de informações, conteúdos e conhecimento de coletivos e voluntários na internet, e a distribuição de conteúdos em distintas plataformas.

Para a publicação de conteúdos em produtos independentes há os sistemas blogs, que geraram a blogosfera (também com os foto e videologs). Para um direcionamento mais específico em termos de divulgação de conteúdos, pode-se utilizar os microblogs, sendo o Twitter o exemplo mais conhecido.

Foram as empresas de comunicação e as agências de notícia que otimizaram a utilização do Twitter. Através de titulares e os endereços para as informações completas, passaram a divulgar informações precisas e remeter para as matérias completas em seus sites. Os jornalistas começam a seguir suas fontes (pessoas de interesse) no aplicativo e a ter a informação em primeira mão.

Agências de notícias como a *Breaking News* (www.breakingnews.com) passaram a dar *a notícia* (o furo jornalístico) no Twitter antes dos veículos oficiais de comunicação. E logo surgiram dicas de como os jornalistas poderiam usá-lo para a produção de conteúdos. Tanto que, em 2011, a empresa colocou em seu site uma sessão "Twitter para redações", com sugestões de ferramentas para apuração (busca de fontes, comunidades, assuntos relacionados) e para uma publicação mais eficaz. Também indica perfis e blogs oficiais que estão na plataforma. Está em inglês: https://dev.twitter.com/media/newsrooms.

Há centenas de aplicativos que podem ser associadas ao Twitter para otimizar sua utilização, como a possibilidade de incluir fotos com Twitpic (www.twitpic.com), vídeos com o Qik (www.qik.com), indicar os links mais populares (www.twitterbuzz.com), modificar o Desktop para mostrar mais informações (www.twhirl.org), mostrar de que local físico provêm as postagens (www.twitterlocal.net), por exemplo.

Redações convergentes

Desde o final dos anos 1980, o termo "convergência" é empregado em relação à transformação tecnológica das telecomunicações, com diferentes significados. No Brasil, na área de Comunicação, foi muito utilizado na década de 1990 e depois abandonado. Só que desde a metade dos anos 2000, o mundo retomou a noção de convergência sob o aspecto cultural e dos processos de comunicação.

A convergência jornalística e das redações refere-se à integração de modos de comunicação, tradicionalmente separados, que afeta empresas, tecnologias, profissionais e audiência em todas as fases de produção, distribuição e consumo de conteúdos de qualquer tipo. Assim, o processo de convergência acarreta profundas implicações para a estratégia empresarial, mudanças tecnológicas, elaboração e distribuição de conteúdo em distintas plataformas, o perfil profissional dos jornalistas e a forma de acesso ao conteúdo.

Alguns exemplos de redações integradas são bastante conhecidos, como o do *Tampa News Center* (www.tampatrib.com), que em 2000 integrou o jornal, a TV e a web em uma mesa de redação coordenada com um jornalista de cada meio. O grupo construiu um edifício para abrigar o novo processo de produção. Outro é o do jornal *Daily Telegraph* (www.telegraph.co.uk), na Inglaterra, que, em 2006, remodelou sua produção alterando a disposição física da redação (em formato de estrela) e os 460 jornalistas passaram a produzir conteúdos para o impresso e a internet de forma conjunta.

A partir das experiências internacionais, no Brasil, diversas empresas de comunicação começaram a integrar suas redações. Entretanto, para que um processo convergente se estabeleça, há a necessidade de investimento na infraestrutura tecnológica e, ao lado de uma mudança física, a urgência da capacitação profissional e alteração do processo de produção como um todo.

O novo profissional

Então, que profissional é este que precisa produzir conteúdos, dar visibilidade a eles nas redes sociais e trabalhar em processos integrados visando a multiplataformas? Quem é este jornalista multimídia? O produtor de conteúdos para ambientes digitais precisa, sim, ter clareza das possibilidades e lógica do ciberespaço para poder propor produtos e serviços e estruturar narrativamente os conteúdos nos distintos formatos.

A clareza é dada pela compreensão das características do hipertexto e da multimídia, da hipermídia, para ser preciso. E este profissional também necessita conhecer as possibilidades tecnológicas do meio como os programas para elaborar o conteúdo, os sistemas para publicá-los e as formas de uso pelo usuário, tendo em vista sua integração.

Porém, com a complexidade da produção de conteúdos multimídia para narrativas interativas, um profissional não consegue dominar com propriedade todos os aspectos envolvidos. A perspectiva é de uma equipe que atue de maneira colaborativa entre si e com os usuários. Já em 2002, em estudos sobre a sistemática de produção das equipes de desenvolvimento de conteúdos para a web, afirmávamos ser necessário um trabalho interdisciplinar e interdependente para produzir materiais diferenciados e profissionais.

Uma equipe seria composta de arquiteto da informação, gerente de produto ou editor, *webdesigners*, programadores ou analistas especializados nas tecnologias/sistemas a serem usados e editores de conteúdos. Esses seriam editores de comunidades, redes ou mídias sociais e das distintas editorias ou formatos de publicação (impresso, rádio e vídeo).

Este é o desafio que as possibilidades tecnológicas apresentam, o de uma nova mentalidade para a produção de conteúdos multimídia. Conceitos que requerem uma revisão na forma de pensar, estruturar e contar histórias.

Exercícios de redes sociais

1. Entre no YouTube e assista ao vídeo "A máquina somos nós", sobre a web 2.0: http://tinyurl.com/7w6z44l.

2. Faça seu cadastro nas redes sociais e serviços comentados neste capítulo.

3. Faça uma postagem no Twitter, indicando o endereço de seu site. Se o endereço for muito grande, use os serviços de encurtadores de endereço, como o Tiny URL (http://tinyurl.com).

Glossário

Ambiente e ambiências internet – a internet pode ser compreendida como um sistema de redes híbridas complexas, com agentes humanos e não humanos, que se estruturam a partir de organizações sociais ou de subsistemas. Cada sistema é um ambiente de informação e comunicação e uma ambiência por interagir com outros. Podemos pensar na internet como o grande ambiente com distintas ambiências, como a conversacional dos chats web, a blogosfera, as redes sociais ou uma rede social específica, assim por diante.

Ambientes digitais – utilizado como sinônimo de ciberespaço, mas vai além dele, pois se refere também aos dispositivos quando não conectados a uma rede telemática, como um CD, DVD, um *pen drive*, um *tablet* sem conexão.

Ciberespaço – o termo foi cunhado pelo escritor de ficção *cyberpunk* William Gibson no livro *Neuromancer*, em 1984, e significa o espaço virtual das informações digitalizadas. Relaciona-se ao mundo virtual, às diferentes formas de informação, às relações virtuais por meios eletrônicos, às redes, internet, utilização do computador e de quaisquer processos digitais em redes.

CMS (*Content Management Systems***)** – Sistemas de gerenciamento de conteúdos ou sistemas de publicação. Podem ser adaptados à lógica da produção jornalística ou generalista. Há centenas de Sistemas de Gerenciamento de Conteúdos, desde os gratuitos em tecnologia aberta e livre até os proprietários a serem customizados de acordo com as demandas do cliente.

Fractal – a geometria fractal permite que o objeto seja dividido em partes e estas contenham o todo. Na Wikipédia em português, há uma boa definição do termo em suas funcionalidades e complexidade. Ver http://pt.wikipedia. org/wiki/Fractal.

Cibercultura – é a cultura do contemporâneo, a cultura digital. Todos os valores, ações, técnicas materiais e intelectuais, práticas, atitudes que se relacionam, desenvolvem junto com as tecnologias digitais das redes telemáticas. Tudo que se relaciona ao agir, atuar no ciberespaço.

Gadgets ou widgets – são os aplicativos que auxiliam na inclusão de funcionalidades nos blogs. São componentes de interfaces gráficas com uma função específica, como relacionar links, incluir novo texto, vincular as fotos de outro sistema. Também são chamados de *gadgets* dispositivos eletrônicos portáteis, como PDAs, celulares, smartphones, leitores de MP3, dentre outros.

Gêneros jornalísticos – podem ser classificados em informativos, interpretativos, dialógicos e argumentativos. Quando nos referimos a gêneros jornalísticos neste manual, estamos falando da notícia, crônica, entrevista, *chat*, fórum de discussão, enquete, reportagem, coluna e infografia.

MP3 (*MPEG-1/2 Audio Layer 3***)** – é um dos primeiros arquivos de compressão de áudio com perda de qualidade muito baixa, quase imperceptível ao ouvido humano. Este formato revolucionou a troca de arquivos de áudio na internet e talvez a própria indústria fonográfica.

Multimodalidade – são duas ou mais modalidades de comunicação. No sentido dado à multimídia, seriam dois ou mais suportes para produtos comunicacionais, com a película, o vídeo eletrônico, o papel, o CD, as redes telemáticas para o ciberespaço, por exemplo.

Plugins – Programas que adicionam funções a outros e possibilitam rodar aplicações diferenciadas.

Remediação – é um conceito desenvolvido pelos pesquisadores Jay David Bolter e Richard Grusin no livro *Remediation: understanding new media*, em 2000, para os meios de comunicação. Dizem que todo meio de comunicação anterior serve como processo de adaptação para o novo e indicam como isso ocorre em termos de avanços, resistências e obsolescências. É a ideia de que cada nova tecnologia torna a anterior melhor, renovando-a. Noção bem interessante para se analisar o processo da produção de conteúdos para as mídias digitais.

RSS (*Really Simple Syndication***) e** *feeds* **de RSS** – tecnologia que permite a indexação de informações e as divulga automaticamente em um serviço leitor de RSS, quando são atualizadas. O usuário assina o feed de RSS de um site, blog, podcast e é informado quando há novas publicações (postagens).

Tablets – são dispositivos pessoais em formato de prancheta com possibilidade de acesso à internet e uma série de funcionalidades. É usado para a organização pessoal, entretenimento e auxílio profissional. Possui uma tela sensível ao toque e agrega funcionalidades do computador e dos telefones inteligentes (*smartphones*).

Tags – são as palavras-chave relacionadas a determinado conteúdo e, de maneira mais específica, estruturas para a marcação da linguagem de programação web. Neste sentido, são breves instruções no código que delimitam o estilo e conteúdo de uma página.

Technorati – ferramenta especializada na busca de informações em blogs, na denominada blogosfera. Anualmente publica um relatório denominado "O estado da blogosfera", com dados e análises mundiais, uma das maiores referências para análise dos blogs. Ver www.*technorati.com*.

Web 2.0 – termo criado em 2004 pela empresa *O'Reilly Media* e relaciona-se à colaboração na produção de conteúdos, à interação entre distintos sistemas tecnológicos, à separação entre forma e conteúdo. Refere-se à segunda geração de utilização da internet, em que "dinamismo" é a palavra-chave; a web 2.0 é dinâmica, colaborativa e interativa. Relaciona-se aos Wikis (sistemas de colaboração), às palavras-chave que vão indexando conteúdos, às redes sociais e à interação de conteúdos entre si, sem a intervenção direta do usuário. A Web 1.0 era estática, relacionada à linguagem HTML; já a denominada Web 3.0 é a semântica, com sistemas de indexação e busca mais precisos.

Bibliografia

BAIRON, Sérgio. *Multimídia*. São Paulo: Global, 1995. v. 3.000.

BARBEIRO, Heródoto; LIMA, Paulo Rodolfo de. *Manual de telejornalismo*. São Paulo: Campus, 2002.

BORGES, Jorge Luis Borges. *O Aleph*. São Paulo: Companhia das Letras, 2008.

BRADFORD, Paul. *Richard Saul Würman*: Information Architects. Nova York: Graphic Press, 1996.

BRADSHAW, Paul. A model for the 21st century newsroom: pt1 – the news diamond. *Online Journalism Blog*. 17 de setembro, 2007. Disponível em: <http://onlinejournalismblog.com/2007/09/17/a-model-for-the--21st-century-newsroom-pt1-the-news-diamond>.

CANAVILHAS, João M. *WebJornalismo*: da pirâmide invertida à pirâmide deitada. 2006. Disponível em: <http://www.bocc.ubi.pt/pag/canavilhas-joao-webjornalismo-piramide-invertida.pdf>.

CARRASCOZA, Joao Anzanello. *Redação publicitária*. São Paulo: Caramelo, 2003.

DICIONÁRIO do trabalho Vivo. *Webwriter* – verbete. Cidade do Conhecimento. São Paulo, USP. Disponível em: <http://www.cidade.usp.br/projetos/dicionario/webwriter.htm>.

FERRARETTO, Luiz Arthur. *Rádio: o veículo, a história e a técnica*. Porto Alegre: Sagra Luzzatto, 2001.

FERRARI, Pollyana. *A força da mídia social*. São Paulo: Factash Editora, 2010.

FERREIRA, Daniela C. M.; PAIVA, José E. R. *O áudio na internet*. Uberlândia: Edibrás, 2008. Disponível em: <http://www.audionainternet.com/?page_id=120>.

FIDALGO, Antônio. Sintaxe e semântica das notícias on-line: para um jornalismo assente em base de dados. In: FIDALGO, António; SERRA, Paulo (org.). *Informação e comunicação online*. Jornalismo Online. Covilhã: Universidade da Beira Interior/Portugal, 2003. v. 1.

_____. Do poliedro à esfera: os campos de classificação. A resolução semântica no jornalismo online. In: II SBPJOR. *Anais...* Salvador, 2004. CD-ROM.

FRANCO, Guillermo. *Como escrever para a web*. Disponível em: <http://knightcenter.utexas.edu/ccount/click.php?id=5>.

GÓMEZ MONT, Carmen. La radio en la convergencia de las nuevas tecnologias. *Revista Mexicana de Comunicación*, n. 65, p. 45, set./out. 2000.

GUERRA, Josenildo L. *O percurso interpretativo na produção da notícia*. Programa de Pós-Graduação em Comunicação e Cultura Contemporâneas da Faculdade de Comunicação da Universidade Federal da Bahia. Salvador, 2003. Tese.

HENN, Ronaldo. *Pauta e notícia*. Canoas: Editora da Ulbra, 1996.

HOLTZMAN, Steven. *Digital Mosaics:* the aesthetics of cyberspace. New York: Simon&Schuster, 1997.

LAGE, Nilson Lemos. *Estrutura da notícia*. São Paulo: Ática, 2004.

_____. *Teoria e técnica do texto jornalístico*. Rio de Janeiro: Campus, 2005.

_____. Conferência. *Fórum Nacional de Professores de Jornalismo*. Mackenzie, São Paulo, abr. 2008.

KILIAN, Crawford. *Writing for the Web*. New York: Self Counsel Press, 1998.

LEMOS, André. *Cibercultura*: tecnologia e vida social na vida contemporânea. Porto Alegre: Sulina, 2002.

LÉVY, Pierre. *Cibercultura*. Rio de Janeiro: Ed. 34, 1999. 260 p.

_____. *As tecnologias da inteligência*. São Paulo: Ed. 34, 1993. 205 p.

LOPES, Débora. *Radiojornalismo hipermidiático*: tendências e perspectivas do jornalismo de rádio *all news* brasileiro em um contexto de convergência tecnológica. 2011. Disponível em: <http://www.livroslabcom.ubi.pt/pdfs/20110415-debora_lopez_radiojornalismo.pdf>.

MACHADO, E. *La estructura de la noticia en las redes digitales:* un estudio de las consecuencias de las metamorfosis tecnológicas en el periodismo. Facultad de Ciencias de la Comunicación/Universidad Autónoma de Barcelona, 2000. Tese.

_____. *O ciberespaço como fonte para os jornalistas.* Salvador: Calandra, 2003.

_____. *O jornalismo digital em base de dados.* Florianópolis: Calandra, 2006.

MACHADO, E.; PALACIOS, M. *O ensino do jornalismo em redes de alta velocidade*: metodologias & softwares. Salvador: Edufba, 2007.

MACHADO, E.; PALACIOS, M. (org.). *Modelos de jornalismo digital.* Salvador: Calandra, 2003.

MANOVICH, Lev. *The Language of New Media.* Massachusetts: The MIT Press, 2001.

MARTINS FILHO, Eduardo Lopes. *Manual de redação e estilo de* O Estado de S. Paulo. São Paulo: O Estado de S. Paulo, 1997.

MIELNICZUK, Luciana. *Jornalismo na Web*: uma contribuição para o estudo do formato da notícia na escrita hipertextual. Programa de Pós-Graduação em Comunicação e Cultura Contemporânea da Universidade Federal da Bahia, Salvador, 2003. Tese.

MORKES, John; NIELSEN, Jakob. *Concise, Scannable, and Objective:* How to Write for the Web. 1997. Disponível em: <http://www.useit.com/papers/webwriting/writing.html>.

MORVILLE, Peter. *Ambient Findability.* Sebastopol: O'Reilly Media, 2005.

NIELSEN, Jakob. *Projetando websites.* Rio de Janeiro: Campus, 2000.

_____. *Homepage:* 50 websites desconstruídos. Rio de Janeiro: Campus, 2002.

_____. *Usability engineering.* São Francisco: Morgan Kaufmann, 1994.

NOCI, Javier Díaz Noci; PALACIOS, Marcos (org.). *Metodologia para o estudo dos cibermeios:* estado da arte & perspectivas. Salvador: EDUFBA – Editora da Universidade Federal da Bahia, 2008.

PATERNOSTRO, Vera Íris. *O texto na TV*: manual de telejornalismo. São Paulo: Campus, 2006.

PEREIRA, X. et al. Information and Database Architecture. In: PALACIOS, Marcos; DÍAZ NOCI, Javier (org.). *Online journalism:* research methods. A multidisciplinary approach in comparative perspective. Bilbao: Servicio Editorial de la Universidad del País Vasco, 2009. p. 1-178.

RODRIGUES, Bruno. *Webwriting:* pensando o texto para a mídia digital. São Paulo: Berkeley, 2000.

ROSELLO, Mireille. *The Screener's Maps:* Michel de Certeau's 'Wandersmaenner' and Paul Auster's Hypertextual Detective. In: LANDOW, George P. *Hyper/Text/Theory.* Baltimore: Johns Hopkins UP, 1994. 121-58.

ROSENFELD, Louis; MORVILLE, Peter. *Information Architecture for the World Wide Web.* Santa Clara: O'Reilly & Associates, 1998.

SALAVERRÍA, Ramón. *Redacción Periodística em internet.* Navarra: EUNSA, 2005.

SCHWINGEL, Carla. *Ciberjornalismo.* São Paulo: Paulinas, 2012.

_____. O processo de produção do ciberjornalismo e as teorias jornalísticas. In: SOSTER, Demétrio A.; LIMA JR., Walter Teixeira (org.). *Jornalismo digital:* audiovisual, convergência e colaboração. Santa Cruz do Sul: Edunisc, 2011. p. 142-155.

_____. *Sistemas de produção de conteúdos no ciberjornalismo:* a composição e a arquitetura da informação no desenvolvimento de produtos jornalísticos. Programa de Pós-Graduação em Comunicação e Cultura Contemporânea da Universidade Federal da Bahia, Salvador, 2008a. Tese.

_____. *Sistemas de publicação de conteúdos no ciberjornalismo:* o caso A Tarde Online. In: XVII Encontro da Compós. São Paulo, 2008b.

_____. A teoria e a prática na concepção de uma ferramenta de publicação para o jornalismo digital. In: MACHADO. E; PALÁCIOS. M. (org.). *Modelos de jornalismo digital.* Salvador: Calandra, 2003. pp. 187-211.

_____. *Comunicação e criação na internet:* análise das equipes de desenvolvimento web e dos grupos de desenvolvimento de softwares. Programa de Pós-

-Graduação em Comunicação e Cultura Contemporâneas. FACOM/UFBA, Salvador, 2002. Dissertação.

SCHWINGEL, Carla; ZANOTTI, Carlos (org.). *Produção e colaboração no jornalismo digital.* Florianópolis: Insular, 2010. v. 500.

SCOLARI, Carlos. *Hacer Clic.* Hacia una sociosemiótica de las interacciones digitales. Barcelona: Gedisa Editorial, 2004.

SILVA JR., José Afonso. *Jornalismo 1.2:* características e usos da hipermídia no jornalismo, com estudo de caso do Grupo Estado de São Paulo. Programa de Pós-Graduação em Comunicação e Cultura Contemporânea da Universidade Federal da Bahia, Salvador, 2000. Dissertação.

WIKIPÉDIA. *Enciclopédia livre.* 2012. Disponível em: <http://wikipedia.org>.

WÜRMAN, R. S. *Ansiedade de informação.* São Paulo: Cultura, 1991.

_____. *Ansiedade da informação 2:* um guia para quem comunica e dá instruções. São Paulo: Cultura, 2005.